Michael Mary

Wie Männer und Frauen die Liebe erleben

Die rollenspezifische Wahrnehmung der Liebe

Michael Mary

Wie Männer und Frauen die Liebe erleben

Die rollenspezifische Wahrnehmung der Liebe

© 2015 by Henny Nordholt Verlag

Testorfer Straße 2   D 19246 Lüttow

print: ISBN 978–3–926967–08–4

epub: ISBN 978–3–926967–26–8

pdf: ISBN 978–3–926967–27–5

© 2015 by Henny Nordholt Verlag

Testorfer Straße 2 D 19246 Lüttow

info@nordholtverlag.de

Besuchen Sie die Homepage des Autors, dort finden Sie weitere Bücher, eBook, Videos und Hinweise auf seine Arbeit.

www.michaelmary.de

Vorwort/Einleitung

Sie halten hier die neue Fassung eines Bestsellers in den Händen, der 1991 unter dem Titel *Schluss mit dem Beziehungskrampf* erschien und seither in acht verschiedenen Ausgaben und etlichen Auflagen verlegt wurde.

Sie mögen sich vielleicht fragen, ob das Thema noch zeitgemäß ist. Meine Erfahrungen im Rahmen der TV-Beratungs-Sendung „Liebe in Not" (NDR 2008) und „Eine Chance für die Liebe" (SWR 2010) und natürlich meine Erfahrungen in der Paarberatung haben mich restlos davon überzeugt. Das Rollenverhalten, das der männlichen und weiblichen Wahrnehmung der Liebe zugrunde liegt, wird sich auch in den nächsten Generationen nicht vollständig aufgelöst haben.

Eine Beziehung besteht aus der aufeinander reagierenden Kommunikation der Partner. Dieses *System* unter dem Gesichtspunkt typisch männlichen und typisch weiblichen Rollenverhaltens und dessen Auswirkungen auf Beziehungen zu untersuchen; ist das ein wie vor hochaktuelle Vorhaben.

Die LeserInnen dieses Buches werden die Erkenntnis nachvollziehen, dass es „die Liebe" nicht gibt. Vielmehr nehmen Männer und Frauen die Liebe auf eine rollenspezifische Weise wahr. Da beide nicht wissen, dass sie – obwohl sie das gleiche Wort gebrauchen – seine Bedeutung völlig unterschiedlich verstehen, reden und lieben sie oft aneinander vorbei.

Dieses emotionale Wahrnehmungsproblem führt die Partner in einen verhängnisvollen Kreislauf: Jeder provoziert unabsichtlich gerade das Verhalten seines Gegenübers, unter dem er dann selbst zu leiden hat. Die weibliche und männliche Sprache der Liebe und deren Auswirkungen zu verstehen, liefert jedoch Anhaltspunkte dafür, diesen Kreislauf zu durchbrechen.

In diesem Buch beschreibe ich Kommunikations-*Muster* plakativ. Dies dient vor allem der Deutlichkeit. Trotz dieser Verallgemeinerungen trifft erstaunlich viel von dem, was ich beschreibe, auf die meisten Männer und Frauen zu. Die Leser/-innen werden selbst herausfinden, was für sie persönlich passt.

Die unterschiedliche Wahrnehmung der Liebe

Der Mann hat seit drei Stunden im Fernsehen Tennis geschaut. Gerade im Augenblick des Matchballs, im Moment höchster Spannung, kommt seine Frau nach Hause. Sie geht auf ihn zu, möchte ihn begrüßen und begrüßt werden. Doch er gibt ihr ein Zeichen zu warten und starrt gebannt auf den Bildschirm. Als er seine Frau schließlich begrüßen will, hat sie das Zimmer bereits verlassen.

So fing der Streit an. In den Tagen davor war es schon hin und wieder zu Spannungen gekommen, aber dieser Vorfall brachte das Fass zum Überlaufen. Noch Wochen später tauchte das Ereignis in den Auseinandersetzungen des Paares auf, zusammen mit anderen, ähnlichen Ereignissen. Was die Partner so heftig aufeinander reagieren lässt, wird deutlich, wenn jeder den Vorfall aus seiner individuellen Sicht beschreibt:

„Natürlich habe ich sie bemerkt. Aber sie ist reingestürmt und gleich auf mich los. Dass ich Tennis schaue, hat sie nicht interessiert. Und dass sie mich stören könnte, auf die Idee ist sie gar nicht gekommen!"

„Ich wollte ihn gar nicht stören, nur kurz Hallo sagen. Ich glaube, er hat nicht mal richtig bemerkt, dass ich rein-kam. Wenn mein Mann mit seinen Hobbys beschäftigt ist, hat er für nichts anderes Augen!"

Wer den beiden zuhört, kann den Eindruck gewinnen, sie sprächen von zwei verschiedenen Vorfällen. Jeder fühlt sich durch das Verhalten des anderen verletzt, und Vorwürfe fliegen hin und her:

„Du wolltest mich den Matchball nicht sehen lassen!"

„Du hast dich nicht gefreut, mich zu sehen!"

Der Streit schaukelt sich langsam hoch. Jeder versucht, sein eigenes Verhalten zu rechtfertigen und das Verhalten des Anderen ins Unrecht zu setzen:

„Du hättest ja wohl die eine Minute warten kön- nen!“	*„Du hast dir nicht mal die paar Sekunden Zeit für mich genommen!“*

Wenn Sie, lieber Leser, ein Mann sind, werden Sie an dieser Stelle vielleicht sagen: *„Typisch Frau – es soll sich alles um sie drehen“*. Sollten Sie, liebe Leserin, eine Frau sein, werden Sie eventuell sagen: *„Typisch Mann – immer gerade etwas Wichtigeres zu tun“*.

Doch bevor wir uns als Zeugen der Auseinandersetzung auf die eine oder andere Seite ziehen lassen, schlage ich vor, nach der subjektiven Bedeutung des Erlebten zu suchen. Diese ist wichtig, weil sie der jeweiligen Reaktion auf den Partner zugrunde liegt:

„Es bedeutet, dass ich mich nach ihr richten soll.“	*„Es bedeutet, dass ihm Tennis wichtiger ist als ich.“*

Diese Bedeutungen sind extrem unterschiedlich, und jeder der Partner ist vollkommen sicher, mit seiner Deutung richtig zu liegen. Der andere muss wohl lügen oder sich täuschen. Die Partner haben derart eine unterschiedliche Wahrnehmung des Geschehens, dass sie sich nicht auf eine gemeinsame Interpretation des Vorgangs einigen können. Der sich verfestigende Streit bekräftigt ihre Wahrnehmung noch, die schließlich in die feste Überzeugung mündet:

„Ich soll mich nach ihr richten!“	*„Ich bedeute ihm nichts!“*

Die Erfahrung Liebe

Betrachten wir, mit welcher *Erfahrung* die Partner aus der Auseinandersetzung hervorgehen:

Der Mann hat erfahren: *„Ich werde bedrängt!*

Die Frau hat erfahren: *„Ich werde vernachlässigt!"*

Am Ende der Auseinandersetzung bleibt ein Geschmack von Beengung und Vernachlässigung, der sich als „Erfahrung mit dem Partner" einprägt und jederzeit wieder auftauchen kann.

Mit dieser Erfahrung stehen die Partner unseres Beispiels nicht allein. Einem anderen Paar erging es ähnlich.

Klaus hat seine Freundin seit einer Woche nicht gesehen, da er auf Dienstreise war. Als sie mit einem Zweitschlüssel in seine Wohnung kommt, ist er gerade auf dem Weg zum Bad. Er freut sich sie zu sehen und nimmt sie spontan in den Arm. Erst an ihrer Reaktion – sie spannt sich an und wehrt seine Umarmung ab – bemerkt er, dass etwas nicht stimmt. Es liegt an der Rasiertasche, die er noch in der Hand hält. Im Streit kommt es zu Vorwürfen, die zeigen, wie unterschiedlich Klaus und Helga das Ereignis deuten:

„Klar habe ich die Tasche in der Hand gehalten. Ich habe mich einfach riesig gefreut, dich zu sehen. Da ist die Tasche doch ganz egal."

„Wenn du dich wirklich gefreut hättest mich zu sehen, hättest du dir die Zeit genommen, beide Hände für mich frei zu haben."

Wiederum wird das gleiche Ereignis unterschiedlich wahrgenommen. Wiederum glaubt jeder der Partner, die *Wahrheit* über das Ereignis, die *Wahrheit* über das Verhalten und die *Wahrheit* über die Motive des Partners erfasst zu haben. Sie streiten sich, machen einander Vorwürfe, und wie im vorigen Beispiel kommen Mann und Frau auch diesmal mit entgegen gesetzten Erfahrungen aus der Begegnung:

ER fühlt sich bedrängt.   SIE fühlt sich missachtet.

Bestätigte Vorurteile

Dass es eine geschlechtsspezifische Wahrnehmung gibt, wird auch an den Teilnehmern und Teilnehmerinnen eines Partnerseminars deutlich. Zehn Paare haben sich zum Seminar eingefunden. Männer und Frauen sprechen getrennt voneinander über ihre Erfahrungen. Dadurch treten Parallelen im Erleben der Liebe bei Männern und Frauen hervor:

„Offenbar haben wir Männer das Gefühl, in der Verwirklichung unserer Wünsche zu kurz zu kommen. Wir waren uns einig, dass wir zu viel Rücksicht auf die Partnerin nehmen. Es wäre leichter, unsere Wünsche zu erfüllen, wenn die Partnerin nicht da wäre. "

„Wir Frauen haben alle das Gefühl, dass Männer uns generell ausweichen. Wir würden bei Konflikten nicht den Schritt zurück machen. Wir würden versuchen, das Problem zusammen zu klären. Wir würden mehr auf ihn zugehen. "

Von den zehn Männern des Seminars stimmen neun der Aussage in der linken Spalte uneingeschränkt zu. Die Frauen der Paargruppe stimmen alle der Aussage der rechten Spalte zu.

Es fällt auf, dass die Bemühungen und Wünsche in entgegen gesetzte Richtungen weisen. Bei den Männern zeigen sie von der Partnerin weg, sie fänden es „leichter, wenn sie nicht da wäre." Bei den Frauen zeigen sie zum Partner hin, sie „würden auf ihn zugehen, um es zu regeln."

Warum das so ist, wird deutlich, wenn wir betrachten, wie die eine Gruppe das Verhalten der anderen erlebt und deutet:

> *„Es wäre leichter ohne sie. Frauen drängeln und nerven. Sie lassen uns keine Ruhe."*

> *„Männer sind verschlossen, machen den Mund nicht auf. Von alleine kommen die nicht auf uns zu."*

Wieder treffen wir auf Erfahrungen von Enge und Vernachlässigung im Kontakt von Mann und Frau. Fast scheint es, als bestehe bei den Partnern eine bestimmte, geschlechtlich unterschiedliche Erwartung, bedrängt beziehungsweise vernachlässigt zu werden.

Enge und Mangel

Dass diese Erwartung tatsächlich besteht, fand ich in etlichen Paargruppen und unzähligen Partnerschaftssitzungen bestätigt. Männer und Frauen nehmen einander in ihrer Liebe, in ihren Beziehungen und in ihrer Kommunikation immer dann, wenn Spannungen auftreten oder Probleme auftauchen, auf eine ganz bestimmte Weise wahr.

Quer durch die Gesellschaft ziehen sich Urteile übers andere Geschlecht, die tief sitzende Überzeugungen ausdrücken:

> *Frauen wollen ständig Aufmerksamkeit. Frauen sind Nervensägen!*

> *Männer scheuen Auseinandersetzung. Männer sind Feiglinge!*

Aussagen, die beispielhaft für die Erfahrung der Geschlechter voneinander und für die „Erfahrung Liebe" stehen. Sie zeigen, dass Liebe eine geschlechtsspezifische Erfahrung ist. Das ist der wichtigste Grund, warum sich Mann und Frau oft nur schwer verständigen können.

Ich bat zahlreiche Männer und Frauen, das andere Geschlecht zu kritisieren. Die folgenden Zitate sind Aussagen, die in dieser oder ähnlicher Form ständig wiederkehren und hinter denen sich die jeweilige „Erfahrung Liebe" verbirgt:

Immer soll ich etwas beweisen. Dass ich sie schön finde, dass sie die Einzige in meinem Leben ist, dass ich sie noch liebe.

Wenn ich den Satz „Du sollst ..." höre, mache ich schon die Schotten dicht.

Ich möchte einfach mal bei ihr sein können, ohne dass sie etwas will, einfach nur so da sein und nichts sollen müssen.

Sie sitzt den ganzen Tag zu Hause und wartet. Wenn ich dann nach Hause komme, soll ich für sie da sein.

Wenn ich später als geplant nach Hause komme, kann ich die Spannung auf der Treppe wittern, dann liegt was in der Luft.

... das geht bis in die Sexualität hinein. Da wirft sie mir vor, wie lange wir nicht miteinander geschlafen haben...

Ich habe schon noch Lust, mit ihr zu schlafen. Ich verstehe bloß nicht, warum sie nicht will.

Nur nichts wollen von ihnen, dagegen sind sie allergisch. Ich versteh es nicht. Entweder will ich zu viel, oder Männer sind zu sparsam.

Warum fliehen Männer? Warum können sie sich nur so schwer mitteilen?

Warum ist Nähe für ihn so erschreckend? Warum verhält er sich oft so, als gäbe es mich nicht, als sei ich nicht da?

Unsere Wünsche sind ihnen lästig. Das betrifft dann schon wieder ihre Freiheitsgefühle! Sie wollen lieber ihre Ruhe haben.

Wie kann ich einem Mann nahe sein, sehr nahe sein, ohne ihn zu bedrängen oder gar zu vertreiben?

Sicher liebt er mich noch, aber er liebt mich nicht mehr als Frau. Dafür hat er seine Bekanntschaften.

Was bedeutet Sexualität für Männer? Warum fühlen sie so wenig dabei?

Heikes Mann macht Wanderurlaub mit einem Freund. Jeden Morgen kommt ein Brief von ihm an:

„Zuerst habe ich mich gefreut, weil es schön war, jeden Tag zum Briefkasten zu gehen und etwas von ihm zu finden. Aber nach vier oder fünf Tagen habe ich angefangen, etwas in den Briefen zu suchen. Irgendwas fehlte. Ich las sie wieder und wieder, bis mir klar wurde, was ich suchte. Es war ein Satz wie „Ich vermisse dich“ oder „Du fehlst mir“. Stattdessen schrieb er, wie gut es ihm geht. Es wurde ein echtes Problem für mich. Meine Gefühle redeten mir ein: 'Wie kann es ihm so gut gehen ohne mich?' Nach einer Weile war ich davon überzeugt, dass er mich nicht braucht und mich nicht wirklich liebt, weil er mich nicht vermisste. Ich fing an, mich elend und verlassen zu fühlen. Dabei war gar nichts zwischen uns vorgefallen. Aber ich konnte nichts gegen meine Gefühle machen.“

Auch in diesem Beispiel wird deutlich, dass die Wahrnehmung des Ereignisses „Briefe von ihm“ für Heike in einem bestimmten Zusammenhang geschieht, und der heißt Mangel. Obwohl nichts Konkretes vorgefallen ist, stellen sich Gefühle der Vernachlässigung ein, unter denen Heike leidet.

Doch auch ihr Freund Hans bleibt nicht von unangenehmen Gefühlen verschont. Bei seiner Rückkehr erwartet ihn eine ängstliche und misstrauische Frau, die ihn zur Rede stellt und vorwurfsvoll eine Erklärung verlangt. *„Wieso hast du mich nicht vermisst?“* Hans fühlt sich bedrängt, und das umso mehr, als er sich auf das Wiedersehen gefreut und einen schönen Empfang erwartet hatte. Hans gerät in die typisch männliche Wahrnehmung der Liebe im Zusammenhang mit Enge.

Enge:	Mangel:
„Jetzt schreibe ich dir schon jeden Tag und du bist immer noch nicht davon überzeugt, dass ich dich liebe. Was muss ich	*„Wie kannst du mich lieben, wenn du mich nicht einmal vermisst? Wie kannst du behaupten, dass du mich liebst, wenn es dir*

*denn noch machen, um es
dir recht zu machen, um dir
zu zeigen, dass mir wirklich
etwas an dir liegt?"*

*so gut geht ohne mich?
Wahrscheinlich geht es dir
so gut, gerade weil ich
nicht bei dir war!"*

Wenn sich Partner in einer solchen Atmosphäre aufhalten (und das ist in vielen Konflikten der Fall), ist es bedeutungslos, was in der Partnerschaft wirklich geschieht. Der Kontext von Enge bzw. Mangel, den jeder Partner mitbringt, lässt die entsprechenden Gedanken und Gefühle entstehen. Diese Gedanken und Gefühle sind so massiv, dass keiner der Partner sich vorstellen kann, mit seiner Interpretation falschzuliegen.

Es ist daher nicht übertrieben zu behaupten, dass viele grundlegende Vorwürfe und Streitereien von Partnern aus ihrer gegensätzlichen Wahrnehmung der Liebe im Zusammenhang mit Enge und Mangel resultieren.

Der Mann trägt dann die Brille ENGE!

Die Frau trägt dann die Brille MANGEL!

Beide, Mann und Frau, haben in der Liebe gleichsam eine Brille auf, die ihre Wahrnehmung färbt. Diese wirken wie Filter zwischen der Innen- und Außenwelt. Was außen passiert, kommt innen ganz anders an.

Die geschlechtsspezifische Wahrnehmung der Liebe bestimmt Gefühle, Vorstellungen und Überzeugungen voneinander. Weil diese Wahrnehmung so umfassend ist, stellen die Partner sie nicht infrage. Darin liegt ihre Macht und ihre Gefahr, denn unter ihrem Einfluss wird die Realität der Ereignisse und die Bedeutung des Verhaltens des Partners nicht klar erkannt.

Als ich die Entdeckung des Enge/Mangel-Zusammenhangs der Liebe machte, wurde ich neugierig zu erfahren, wie verbreitet diese geschlechtsspezifische Wahrnehmung ist. In der Folgezeit habe ich Hunderten Partnern die gleiche Frage gestellt. *„Wenn Sie in einer Beziehung sind, was ist dann Ihre* *größte Angst?"* Die Antworten haben sich zu 95% im entsprechenden Kontext befunden:

– Meine Freiheit zu verlieren!

– Vereinnahmt zu werden!
– Zu sehr eingeschränkt zu werden!
– Nicht das machen zu können, was ich will!
– Nicht mehr zu wissen, was ich will!
– Dass sie sich an mich hängt!

– Dass er mich innerlich verlässt!
– Dass er meine Liebe missbraucht!
– Hängen gelassen zu werden!
– Von ihm benutzt zu werden!
– Aus seinem Leben ausgeschlossen zu sein!
– Nicht beachtet zu werden!

Machen Sie die Probe aufs Exempel! Fragen Sie Männer und Frauen aus ihrem Bekanntenkreis, fragen Sie sich selbst. Achten Sie auf die erste, spontan auftauchende Antwort. Sie werden feststellen: Es gibt nahezu keinen Konfliktpunkt zwischen Mann und Frau, der nicht von dieser gegensätzlichen Wahrnehmung bestimmt ist.

Der Kampf gegen Enge und Mangel

Besonders unerträglich ist, dass Mann und Frau sich gerade von dem Menschen bedrängt oder vernachlässigt fühlen, der ihnen am nächsten steht und den sie lieben. Solche Gefühle verursachen seelische Schmerzen. Mehr Schmerzen, als die Partner in den emotionalen Stresssituationen des Streits und Zwiespalts verkraften können. Also versuchen sie, diese Gefühle zu vermeiden und etwas dagegen zu tun. Sie beginnen damit, gegen die Gefühle der Enge und des Mangels zu kämpfen.

Wenn der Partner als Verursacher der eigenen Schmerzen betrachtet wird, dann gilt es, sein Verhalten zu verändern. Wie soll das geschehen? Indem man ihm klarmacht, dass er etwas Falsches tut und von ihm fordert, etwas anderes zu tun:

„Lass mir mehr Raum!"   *„Lass dich auf mich ein!"*

Diese Forderungen sollen Situationen der Freiheit und Nähe herstellen. Doch der andere kann und will diese Forderungen nicht erfüllen.

Würde der Mann den Forderungen der Frau nach mehr Nähe nachgeben, würde er sich erst recht beengt fühlen, er hätte seine Liebe ja nicht freiwillig gegeben. Er würde sich gezwungen fühlen.

Würde die Frau den Forderungen des Mannes nach Bewegungsfreiheit nachgeben, müsste sie sich erst recht vernachlässigt fühlen, denn sie würde auf etwas verzichten, das sie unbedingt haben will.

Also gibt keiner nach. Jeder beharrt auf seinem „Recht" und kämpft weiter. Die Kämpfe der Partner werden zwar immer wieder von Phasen der Erschöpfung oder aufkeimender, liebevoller Verbundenheit unterbrochen; doch bei der nächsten Gelegenheit brechen sie wieder aus.

„Von Zeit zu Zeit will sie so was wie eine Bilanz unserer Beziehung ziehen. Dann rechnet sie mir vor, was alles passiert oder nicht passiert ist, aber hätte passieren sollen, und was sie alles vermisst. Sie versucht, mich in die Ecke zu treiben. Ich hasse diese Art von ihr."

„Wenn ich mit ihm reden will, stellt er den Fernseher an und besteht darauf, dass das Ding während unserer Unterhaltung läuft. Ich habe dann das Gefühl, er hört mir nicht zu und sieht mich nicht, Das macht mich rasend. Eine Weile halte ich es durch, dann geb ich auf."

Dieses Paar ist seit neun Jahren zusammen. Sie lieben sich immer noch, aber an einem bestimmten Punkt ihrer Beziehung bleiben sie stets hängen: an den Gefühlen der Bedrängtheit und der Vernachlässigung.

Kampfhaltungen

In der Schmerzabwehrschlacht finden wir Mann und Frau ineinander verhakt. Durch ihr Verhalten treiben sie die Spirale des Kampfes höher und höher, denn was immer der eine tut, dient dem anderen als Bestätigung seiner Ängste und Befürchtungen. Ein Bild soll das Verhalten der Partner im Abwehrkampf verdeutlichen:

Der Mann steht mit ausgestreckten Armen da und versucht, die Frau von sich weg zu halten: *„Komm mir nicht zu nahe!“*,

- Jetzt fühlt er sich wirklich bedroht. Er setzt alles daran, sie auf Abstand zu halten: *„Hör auf, an mir zu zerren!“*,

- Derart in die Enge getrieben, fängt der Mann an, sich in sein Inneres zurückzuziehen und einen festen Ring aus Kälte und Unnahbarkeit um sich zu legen ...

- Woraufhin die Frau versucht, den Mann mit ihren Händen zu erreichen und sich an ihn heran zu ziehen: *„Lass mich an dich ran!“*,

- Woraufhin sie noch mehr Kraft aufwendet, seine Aufmerksamkeit zu bekommen: *„Zeig dich doch mal – oder bin ich dir egal?!“*,

- Was die Frau verzweifeln lässt und dazu veranlasst, alles Erdenkliche zu tun, ihn zu berühren, ihn zu erweichen, zu ihm durchzudringen zu wollen.

Schließlich hängen beide fest, denn nichts geht mehr. In diesem Kampf befindet sich jedes Paar, jede Beziehung, jede Ehe früher oder später. Viele Partner finden sich über Jahre oder Jahrzehnte immer wieder auf diesem Schlachtfeld der Liebe wieder. Es mag sein, dass hin und wieder die Seiten getauscht werden und der Mann der bedrängende und die Frau der abwehrende Teil wird. Doch in den allermeisten Fällen ist es der Mann, der sich einmauert und zurückzieht, und die Frau, die ihm auf den Leib rückt und ihn erreichen will.

Warum das so ist, dazu komme ich später. Betrachten wir zunächst die Positionen im Abwehrkampf genauer.

Die Ja/Nein-Falle

Sobald der Mann davon überzeugt ist, von der Frau bedrängt zu werden (und früher oder später ist er mit Sicherheit davon überzeugt), reagiert er mit Ablehnung. Das ist der Punkt, an dem er anfängt, sich innerlich davon zumachen. Er fürchtet sich. Er flüchtet. Er mauert sich ein. Er lässt nichts mehr an sich herankommen. Er sendet Botschaften verbaler und nonverbaler Art, die aussagen: „Lass mich in Ruhe, bedränge mich nicht, verlange nichts von mir, quäle mich nicht."

Hinter dem Versuch, die Frau auf Abstand zu halten, steckt zudem noch die Befürchtung, ihrer Nähe nicht mehr entkommen zu können, wenn er sich erst einmal darauf eingelassen hat. Im Begehren der Frau nach Nähe fühlt sich der Mann gefangen wie die Fliege im Netz der Spinne. Er muss aufpassen, sonst wird er „ausgesaugt" oder „verschluckt".

Sein Bemühen, Distanz zu halten, entpuppt sich als Selbstschutz, sich als Versuch, seine emotionale Unabhängigkeit zu bewahren, die er zu verlieren fürchtet.

Der Mann hält sich die Frau „vom Leibe". Das bedeutet aber nicht, dass er ohne sie sein will, dass er die Beziehung oder Partnerschaft ablehnt. Auch er will in Beziehung sein! Wenn er sich aber auf Dauer der Frau verweigert, wird sie ihn früher oder später verlassen. Also kann er sich kein dauerndes NEIN ihren Wünschen gegenüber leisten.

Jetzt sitzt der Mann in der Klemme. Er wagt es nicht, offen Nein zu sagen, kann es aber auch nicht riskieren, mit Ja zu handeln.

Erika: „Mich macht wahnsinnig, dass er alles so verpackt. Er ist nie direkt, manchmal sagt er direkt das Gegenteil von dem, was er will. Wenn ich ihn anrufe und frage, ob ich zu ihm kommen kann oder ob es ihn stört, sagt er immer, ich könnte kommen. Wenn ich dann bei ihm bin, ist er oft nicht ansprechbar, dann hat er was anderes zu tun, hängt am Computer rum. Ich kann damit nicht umgehen, weil ich nicht weiß, ob es jetzt an mir liegt, dass er so abwesend ist, oder woran ich eigentlich mit ihm bin. Dann fühl ich mich wie abgestellt, werde sauer und der Streit geht los."

Der Bericht dieser Frau schildert eine typische Situation, in die die Frau gerät: Sie empfängt doppelte, sich widersprechende Botschaften des gleichzeitigen Ja und Nein.

Der Mann hat eine Strategie entwickelt, um mit der Situation innerer Enge fertig zu werden. Er sagt Ja und handelt Nein. Seine verbale Kommunikation steht im Widerspruch zu seinem Fühlen und Handeln. Aus Angst, die Partnerin zu verlieren, bemüht er sich äußerlich, ihren Forderungen nachzukommen, für sie da zu sein, es ihr recht zu machen. Doch in seinem Inneren lehnt er ihre Erwartungen ab und distanziert sich. In solchen Situationen sind die Beweise seiner Zuneigung zögernd, seine Küsse flüchtig, sein Sex leer, seine Liebe halbherzig, seine Aufmerksamkeit widerstrebend.

Jetzt wird seine Haltung im Abwehrkampf deutlich: Er hält einerseits die Frau auf Abstand (Nein) und andererseits verhindert er, dass sie geht (Ja). Seine Hände halten sie fern und fest zugleich. Er lässt sie „in der Luft hängen" und „am ausgestreckten Arm verhungern". Seine wirkliche Botschaft an die Frau ist doppelter Art: „Komm mir nicht zu nahe, aber verlasse mich auch nicht. Fordere nichts, aber bleib bei mir".

Der Mann hält die Frau in der Ja/Nein-Falle gefangen. Er gibt ihr nicht, was sie ersehnt, was sie begehrt, aber er verspricht ihr genug, um sie zu halten. Mit dieser doppelten Botschaft verunsichert er die Partnerin nicht nur, er treibt sie regelrecht in die Verzweiflung.

Trude: „Vorige Woche hat er mir versprochen, für ein paar Tage mit mir wegzufahren. Heute will er nicht mehr, er fühlt sich nicht danach. So geht das ständig. Hü und hott, hin und her. Ich kann mich nicht auf ihn verlassen. Erst sagt er Ja, wenn ich mit ihm tanzen gehen will, dann tut ihm im letzten Augenblick der Rücken weh. Es ist zum Verrückt werden!"

Die Ja/Nein-Falle ist eine Zwickmühle. Wenn die Frau zu ihm will, hält der Mann sie fern. Wenn sie jedoch droht, ihn zu verlassen, dreht sich sein Verhalten um, denn jetzt bekommt er Angst und verspricht ihr Liebe und Besserung.

Peter: „So gibt es bei mir immer eine Art Unentschlossenheit, Uneindeutigkeit, ein Verhalten, das Laura immer in mittlerer Reichweite zu halten sucht. Nicht ganz nah ranlassen, aber auch nicht allzu weit fortgehen lassen. Kam sie zu nahe, habe ich mich zugeschlossen, drohte sie fortzugehen, bin ich hinterher, um sie festzuhalten. Ich habe sie immer auf mittlerer Reichweite gehalten."

Abstoßen und festhalten, Versprechungen geben und sie nicht einhalten, Halbwahrheiten und Lügen, Beteuerungen und Verharmlosungen sind Mittel, mit denen Männer die Ja/Nein-Falle errichten und aufrecht erhalten.

Die Frau wartet, hofft und bemüht sich vergebens. Wonach sie sich sehnt, geschieht nicht, worauf sie wartet, bleibt aus. Sie erschöpft sich in ihren Anstrengungen, ihn zu erreichen, und verliert ihre Kraft im Bemühen, von ihm angenommen zu werden.

In der Errichtung der Ja/Nein-Falle liegt ein wesentlicher Anteil des Mannes am Beziehungskampf. Seine „Schuld" liegt in der Unklarheit und Zweideutigkeit seines Verhaltens, mit dem er die Partnerin und letztlich auch sich selbst verletzt, denn seine – für die Frau unverständliche und undurchschaubare – Abwehr animiert sie zu weiteren, intensiveren

Versuchen, ihn zu erreichen. So trägt er unbemerkt zu dem Druck bei, unter dem er selbst am meisten leidet.

Der Empfindsamkeitstest

Auch die Frau befindet sich im Abwehrkampf. Sobald sie davon überzeugt ist, in der Beziehung vernachlässigt zu werden (und früher oder später ist sie mit Sicherheit davon überzeugt), reagiert sie mit Anstrengung und Bemühen.

Vielleicht hat er ihren Geburtstag vergessen, sich nicht positiv über ihr neues Kleid geäußert, einer anderen Frau begehrliche Blicke zugeworfen oder ist zu lange außer Haus geblieben. Vielleicht hat er sie belogen, beschwindelt, ihre Fragen unklar beantwortet oder sich in Schweigen gehüllt. Auf jeden Fall hat er die Ja/Nein-Falle aufgestellt. Das alles nimmt sie als Beweis dafür, wie richtig ihre Mangelwahrnehmung ist, die ihr einflüstert: „Er will dich nicht, er will dich nicht *wirklich*". Dann setzt sich ihre unbewusste Erwartung von Schmerz durch und sie beginnt ihrerseits, den empfundenen Mangel abzuwehren.

Dazu versucht sie, Beweise seiner Liebe und Zuneigung zu erhalten. Wie könnte sie ihn und seine Zuneigung gewinnen? Indem sie etwas für ihn tut, indem sie sich um ihn bemüht. Indem sie ihn verwöhnt. Indem sie ihn bestätigt. Indem sie sich ihm anpasst. Aber davon fühlt sich der Mann bedrängt. Alsbald glaubt die Frau, zu stärkeren Mitteln greifen zu müssen.

Eine Klientin verbrachte eine Woche bei ihrem neuen Freund, mit dem sie erst wenige Monate zusammen war.

„Während der ganzen Woche habe ich darauf gewartet, dass er etwas Schönes zu mir sagt. Etwas wie „Ich liebe dich" oder in dieser Art. Wir verbrachten eine schöne Zeit miteinander, aber er sagte es nicht. Ich bekam Zweifel und es wurde immer schwieriger für mich, das Zusammensein mit ihm zu genießen. Ich wollte Gewissheit über seine Ge-

fühle zu mir, ich wollte diesen Satz hören. Beim Abschied hat er mir dann gesagt, dass es sehr schön für ihn war und er mir noch näher kommen möchte. Doch ich war mittlerweile schon so wütend auf ihn, dass ich es nicht mehr hören wollte."

Aus ihrer Wut heraus schleuderte sie ihm die Worte: *„Jetzt brauchst du es auch nicht mehr zu sagen!"* entgegen und rauschte ab. Zurück blieben ein verstörter Mann und eine enttäuschte Frau. Es dauerte eine Woche und erforderte mühsame Gespräche, bis die beiden wieder zueinander fanden.

Im Abwehrkampf gegen den Mangel drängt die Frau den Mann zu ständigen Beweisen seiner Liebe. Doch er bleibt diese Beweise schuldig. Mehr noch: Er wehrt sich dagegen. Das regt die Frau noch mehr auf. Das aber lässt ihn kalt, er erscheint teilnahmslos, abwehrend und kühl. Während sie sein Herz erreichen will, seine Gefühle, sein Inneres, steht er da und ist unerreichbar, ist „zu". Doch die Frau will Gefühl, will ihn spüren, will wissen, was in ihm vorgeht und woran sie mit ihm ist.

„Zeig mir, dass du mich liebst, dass ich dir noch etwas bedeute" ist ihre Forderung. Während der Mann versucht, ihr zu entkommen, legt die Frau erst richtig los. Sie will ein Zeichen, will seine Aufmerksamkeit erzwingen und überschüttet ihn mit Vorwürfen und Fragen, stürmt auf ihn ein, macht ihm Szenen. Sie berennt ihn mit Gefühl, mit der Kraft ihrer Verzweiflung, um ein Echo seines Herzens zu erhalten.

Wenn sie sicher sein könnte, dass er sie *nicht* liebt, dass er nichts mehr für sie empfindet, würde sie ihre Bemühungen sogleich aufgeben. Aber sie bekommt kein eindeutiges Zeichen, kein eindeutiges Gefühl. Krampfhaft hält der Mann die Fassade der Unnahbarkeit aufrecht. Sie ist davon überzeugt, dass sich hinter dieser Mauer Liebe verbirgt, seine Liebe für sie – oder zumindest die Wahrheit. Da sie seine Fassade nicht zu durchdringen kann, versucht sie schließlich, diese zu zertrümmern.

Die Frau entwickelt ein Verhalten, das ich den Empfindsamkeitstest nenne. Der Empfindsamkeitstest ist die Fortsetzung ihres Bemühens mit aggressiven Mitteln. Da sie den Mann nicht spüren kann, versucht sie, ihn zu verletzen. Wenn das gelingt, wenn sie ihn zu Tränen, zu Wut oder zur Raserei bringen kann, weiß sie, dass er noch Gefühle für sie hat, weiß sie, dass sie ihm noch etwas bedeutet.

In der Beratung fordere ich die Partner oft dazu auf, ihr Verhalten bildlich und körperlich darzustellen. Die Frau geht auf die Knie und macht sich an den Beinen ihres Mannes Bernd zu schaffen. Sie hält eine imaginäre Säge in der Hand und sägt an seinen Knien. Ab und zu greift sie zu einer imaginären Bohrmaschine und bohrt Löcher in seine Beine. Er steht wie ein Fels in der Brandung und verzieht keine Miene. Schließlich steht sie auf und schleudert Speere in seine Brust. Er steht mit verschränkten Armen da und lässt die Speere von sich abprallen.

„Mit Bohren und Sägen und den Speeren versuche ich, ihn umzuwerfen. Ich will ihn am Boden sehen. Ich will, dass sich was regt. Ich will ihn treffen. Er soll spüren, wie es mir geht, wie es sich anfühlt, missachtet zu werden. "

Der Empfindsamkeitstest kann auch in eine andere Richtung gehen. Dann regrediert die Frau. Sie wird klein, klammert sich an den Mann, bricht zusammen, droht mit Selbstmord. Sie tut dies, um herauszufinden, was sie ihm bedeutet. Wenn es ihr gelingt, ihm ein Stöhnen, eine Träne oder eine Zuwendung abzuringen, hat sie ein Zeichen. Doch der Empfindsamkeitstest bringt nichts Gutes. Er zerstört die restlichen Gefühle der Liebe, die den Mann noch mit der Frau verbinden.

In der Durchführung des Empfindsamkeitstests liegt ein wesentlicher Anteil der Frau am Beziehungskampf. Ihre

„Schuld" liegt im Klammern, im Bohren und Sägen, in der unterschwelligen oder offenen Aggressivität ihres Wollens, ihrer scheinbaren Unersättlichkeit. Doch ohne es zu wissen, ohne es zu wollen, treibt die Frau den Mann durch den Empfindsamkeitstest immer tiefer in die Abwehr, immer tiefer in einen Rückzug, an dem sie selbst am meisten verzweifelt.

In der Sackgasse

Den Empfindsamkeitstest und die Ja/Nein-Falle wenden Mann und Frau an, obwohl sie sich damit selbst schaden. Wenn die Partner nicht bemerken, dass sie selbst einen Anteil an der verfahrenen Situation haben, wenn sie glauben, der andere sei daran schuld, gibt es oft nur noch den Ausweg der Trennung. Wenn die Partner aber erkennen, dass sie selbst den Partner in die Abwehr treiben, können sie nach Alternativen im eigenen Verhalten suchen.

Dann steht nicht der andere und sein Verhalten, sondern man selbst und das eigene Verhalten im Mittelpunkt der Betrachtung. Und dann können die Hintergründe dieses Verhaltens sichtbar werden.

Liebe auf dem Hintergrund von Abhängigkeit

In den vorangegangenen Beispielen, den Schilderungen der Ja/Nein-Falle und des Empfindsamkeitstests wurde deutlich, dass Mann und Frau auf unterschiedliche Weise kämpfen. Man könnte sagen: Er kämpft wie ein Mann, mit den Waffen des Verstandes, mit Härte und Ratio; sie kämpft dagegen wie eine Frau, mit der Kraft ihrer Gefühle, mit Hitze und Emotion.

Der soziale Hintergrund der Liebe

Wie kommt es zu diesen Unterschieden? Handelt es sich um wesensmäßige Unterschiede von Mann und Frau oder ist diese Unterschiedlichkeit des Verhaltens erlernt?

Ein kurzer Ausflug in die Vergangenheit hilft dabei, diese Unterschiede zu verstehen. Gehen wir zurück, ein paar Hundert, ein paar Tausend Jahre, in die „Kindertage" der heutigen Mann/Frau-Beziehung, also in die ursprünglichen patriarchalischen Verhältnisse. In dieser Vergangenheit herrschten andere Lebensbedingungen. Von Reichtum und Überfluss kaum eine Spur. Überleben ist das Hauptanliegen der Menschen. Daher lebten die Menschen in Gruppen zusammen.

In dieser Gruppenstruktur fielen Männern und Frauen unterschiedliche Aufgaben zu.

Aufgabenteilung

Die Aufgabe des Mannes lag zu jener Zeit in der Sicherung des Außenbereiches. Er jagte das große Wild, sammelte und führte Kriege. Die Frau kümmerte sich vorwiegend um den Innenbereich. Sie jagte ebenfalls, aber kleines Wild, sammelte und pflanzte und versorgte die kleinen Kinder. Natürlich wurden von den Geschlechtern unterschiedliche Fähigkeiten verlangt, wenn sie ihre jeweiligen Aufgaben erfüllen wollten.

Der Mann entwickelte Kraft, Stärke, Entschlossenheit, Siegeswillen, Durchsetzungsvermögen, wenn es nötig war auch Brutalität, und befasste sich mit Waffen. Alle Eigenschaften, Denkweisen und Gefühle, die im weitesten Sinne mit dieser seiner Aufgabe zu tun haben, finden wir beim Mann stärker entwickelt. Dafür sind Gefühle und Eigenschaften, die ihm bei der Erfüllung seinen Aufgaben im Wege standen, verkümmert. Es sind dies die lebensbewahrenden Eigenschaften, deren Entwicklung er vorwiegend der Frau überließ.

Die Frau entwickelte Empfindsamkeit, Einfühlungsvermögen, soziale Qualitäten. Die Fähigkeit zu Zuwendung und Verständnis sind Eigenschaften, die wir auf der Frauenseite ausgeprägter vorfinden. Hier sind es die aggressiven, männlichen Eigenschaften, die von der Frau weniger stark ausgebildet wurden.

Jede Spezialisierung bedeutet Hinwendung zu einem Bereich, aber auch Abwendung von anderen Bereichen. Als Konsequenz der Rollenteilung wurden Mann und Frau einseitig – sie entwickelten nur einen Teil ihrer Fähigkeiten, nämlich jenen, den sie zur Erfüllung ihrer Aufgaben brauchten. Der Preis der Spezialisierung, ihr Nachteil, war Verdrängung, war Aufspaltung bestimmter Kräfte und Eigenschaften in weibliche und männliche Qualitäten und damit verbunden ein Verzicht.

Der Mann wurde bis zu einem gewissen Grad vom Erleben seiner Gefühle, vom Erleben und Beherrschen seiner Innenwelt getrennt.

Die Frau wurde bis zu einem gewissen Grad vom Erleben ihrer Unabhängigkeit abgeschnitten, vom Erleben und Beherrschen der Außenwelt.

Aufgaben und Botschaften

Mann und Frau übernahmen verschiedene Aufgaben. Die Doppeldeutigkeit des Wortes ist faszinierend. Wer eine Aufgabe übernimmt, gibt etwas anderes auf. Die soziale Botschaft an den Mann und die Frau unserer Vergangenheit lautete daher:

<table>
<tr><td>Sei stark, sonst kannst du keine Familie haben! Sonst bleibst du allein!</td><td>Bemühe dich! Du musst einen Mann haben! Alleine kommst du nicht durch!</td></tr>
</table>

Obwohl diese Botschaften aus einer materiellen Realität stammen, die keine Gültigkeit mehr hat, die wir – zumindest in den westlichen Industrienationen – zurückgelassen haben, leben sie in unserem Inneren weiter. Sie bleiben lebendig, indem wir sie von Generation zu Generation auf unsere Kinder übertragen.

Wie geschieht das? Wie vermitteln Eltern solche Botschaften an ihre Kinder? Sicherlich nur teilweise willentlich und absichtlich. Diese Dinge übertragen sich weniger durch Worte als durch das, was wir unseren Kindern in Familie und Gesellschaft vorleben.

Der kleine Junge sieht den Vater aus dem Haus gehen und abends zurückkommen. Die Mutter ist den ganzen Tag zu Hause. Daher weiß der Junge, wo einmal sein Platz sein wird. Der Vater spricht kaum über Gefühle, aber er fragt nach den Zeugnissen. Daher „weiß" der Junge, was einmal von ihm erwartet wird.

„Als ich ein kleines Mädchen war, etwa fünf Jahre alt", erzählt eine Frau, *„war ich froh, kein Junge zu sein. Ich wusste, dass ich nicht arbeiten muss, wenn ich einmal groß bin. Arbeiten – das wollte ich auf keinen Fall."*

„Woher wusstest du, was Arbeit ist?", frage ich.

„Ich wusste es nicht. Ich hatte keine Ahnung davon, außer dass man damit Geld verdient, aber ich wollte es nicht tun müssen, das hat mir Angst gemacht. Es hat einige Jahre gedauert, bis ich mich damit abfand, zu arbeiten."

Niemand hat es ihr erzählt, aber sie hat es dennoch mitbekommen. Arbeiten ist das, was der Vater macht. Arbeiten macht keinen Spaß, ist Kampf, und abends ist man müde. Als sie erwachsen war, musste sie dann doch arbeiten. Wen wundert es, dass diese Frau mit großen Ängsten und inneren Widerständen in den Beruf ging und nur allmählich Sicherheit in der Außenwelt fand.

Nonverbale Botschaften, vorgelebtes Beispiel, Zustimmung und Ablehnung motivieren das Verhalten unserer Kinder weit mehr als alles andere. Auf diesem Wege, unausgesprochen und unbemerkt, übertragen sich die wirksamen Botschaften auf die Kinder. Erwachsene leben es vor, und Kinder orientieren sich an diesen Verhaltensmodellen. Aus kleinen Jungen, die gegeneinander spielen, werden große Männer, die kämpfen, und aus kleinen Mädchen, die artig sind, werden Frauen, die sich an Männern orientieren.

Mann sein

Sich in der Außenwelt zu bewähren, stark und kampforientiert zu sein, darauf wird der Mann vorbereitet. Das war früher so und ist auch heute noch weitgehend so.

Ein junger Mann kommt zur Beratung. Er steht unter starkem innerem Druck, fühlt sich getrieben, gehetzt, kann nicht entspannen. Er soll die Firma seines Vaters übernehmen. Von klein auf versuchte sein Vater, ihn auf diese Aufgabe, dieses Aufgeben, vorzubereiten. Ausgehend von seinen eigenen Erfahrungen in der Außenwelt gab er dem Sohn Botschaften mit auf den Weg wie: „Die Welt ist gefährlich, man muss hier aufpassen, Gefahr ist überall. Die Menschen sind wie Tiere, die sich zerfleischen wollen!"

Der Vater hat eine Firma aufgebaut und manch harten Kampf, auch um den Erhalt seines Geschäftes, geführt. Dabei waren männliche Fähigkeiten nützlich und er versuchte, seinem Sohn diese Erfahrungen zu vermitteln. Härte ist ein Ergebnis dieser Erziehung. Angst vor (vermeintlicher) Schwäche ein weiteres. Im Verlauf einer Sitzung erlaubt sich der Sohn, seinen Kopf in meine Hände zu legen. Jetzt bin ich sein (weicher) Vater. Erleichtert weint er, Tränen, die er vorher nicht zeigen konnte, Schwäche, die er sich nicht eingestehen durfte, Gefühle, die er nicht haben durfte.

So oder ähnlich geht es den meisten „kleinen Männern“: Schon der Junge erfährt das Leben als Kampf, und auf den Kampf des Lebens wird er vorbereitet. Kampfspiele sind der Jungen liebste Beschäftigung. Kämpfen ist die Grunderfahrung des männlichen Kindes, und der Junge trifft ständig und überall auf die direkten oder indirekten, ausgesprochenen oder unausgesprochenen Botschaften: „Mach dich bereit, eines Tages musst du da draußen hinaus und dann musst du bestehen. Dann musst du gut sein, dann musst du stark sein, dann musst du gewinnen können, damit du es schaffen kannst.“ „Es“ schaffen meint: das Überleben.

So erlebt der erwachsene Mann die Welt als Kampfplatz. Er versucht, gut und stark zu sein. Er strengt sich an, sich zu behaupten, Rivalen auszustechen, zu beweisen, dass er es schaffen kann. Jeder Mann hat trägt tief in sich die Überzeugung: „Ich muss stark sein!“

Stark sein wird der Kern des Mannseins. Stark sein will er für seine Frau und seine Familie, denn die Familie bietet ihm Zugang zu den Gefühlen des Innenbereiches. Ohne Familie, ohne Frau oder Kinder bleibt der Mann von der Welt der leichten und weichen Gefühle ausgeschlossen, von der Verbindung mit Liebe und Nähe. Aber eine Frau kann er nur bekommen (so glaubt er tief innen), wenn er stark ist.

Manchmal weigern sich Jungen, die Botschaft der Stärke anzunehmen. Vielleicht mögen sie ihre Väter nicht und wollen nicht wie diese werden. Sie wollen nicht stark sein. Dann werden sie schwach. Aber sie werden schwach, nicht weil sie schwach sind, sondern weil sie nicht stark sein wollen. Sie sind gegenidentifiziert. Aber auch in diesem Falle orientieren sie sich an der Botschaft: „Sei stark!“

Frau sein

Für die Frau waren ans Überleben andere Bedingungen und Forderungen geknüpft. Ihre Realität forderte: „Du musst einen Mann haben, sonst gehst du unter. Und wenn du einen hast, musst du für ihn da sein, damit du ihn nicht verlierst."

Welch harte Realität hinter dieser Botschaft steht, wurde mir klar, als ich einen Filmbericht aus den Goldgräberlagern Brasiliens sah. Drei Frauen prügelten sich um einen Mann. Jede wollte ihn für sich, obwohl die Männer dieser Lager, sobald das Gold ausgebeutet ist, weiterziehen und ihre Frauen samt Kindern sitzen lassen. Doch solange ein Mann da ist und ein wenig Gold ausbuddelt, solange ist das eigene Überleben gesichert.

Auf Spuren der Botschaft „Du musst einen haben" treffen Frauen vielerorts. Heide erzählt einige Beispiele:

„Wenn ich zu Weihnachten bei meinen Verwandten bin oder bei besonderen Festen, werde ich jedes Mal gefragt, ob ich denn inzwischen einen Mann habe. Dann die besorgten Gesichter und die Anspielungen, dass es jetzt Zeit wird, schließlich sei ich schon 38. Oder wenn ich auf eine Party von Betriebsangehörigen gehe, werde ich wie selbstverständlich gefragt, ob mein Mann auch da ist. Dann das Erstaunen: „Was, du hast keinen Mann?" So etwas passiert mir öfter. Es ist wirklich lächerlich, aber es trifft mich."

Die Botschaften der Gesellschaft an die Frau sind vor langer Zeit entstanden, doch sie lauten heute noch: „Du musst einen Mann kriegen, sonst bist du aufgeschmissen. Wenn du einen Mann hast, musst du ihn halten und für ihn da sein. Du musst nett und reizvoll sein, gut aussehen, schön sein. Du musst begehrenswert sein. Du musst (im Bereich des Innen, der Gefühle) für ihn sorgen." Nicht zuletzt aufgrund dieser Botschaften vernachlässigen Frauen oftmals ihre eigene Berufsplanung.

Aufgrund der gesellschaftlichen Botschaft „Du musst einen

Mann haben" hat die Frau die unbewusste Überzeugung ver-
innerlicht: „Allein komme ich nicht durch!".

Man muss sich allerdings vor Augen halten, dass es sich
hierbei um eine unbewusste, vor allem von Gefühlen abhängige Überzeugung handelt. Deshalb ist sie vom Verstand her
so schwer zu beeinflussen. Vom Verstand aus wird jede Frau
sagen: „Natürlich komme ich alleine durch!", aber das wird
an ihren Gefühlen nichts ändern.

*Marlene: „Ich mache so viel für ihn. Wenn er zum Beispiel
kein Frühstück machen will, dann macht er es nicht. Das
traue ich mich nicht. Ich mache Frühstück, koche ihm ein
weiches Ei, frage nach, ob es ihm schmeckt, ob alles richtig
ist, ob noch was fehlt. Ist der Tee gut? Noch etwas Zucker?
So geht das in einem fort. Ich will gebraucht werden. Ich
finde es selbst furchtbar, es geht mir selbst auf die Nerven,
aber ich erwische mich immer wieder dabei."*

*Heidrun: „Wenn er ein Problem hat, mache ich es direkt
zu meinem. Ich fühle seinen Kummer und seine Wunden mit.
Dann stecke ich emotional mit drin und vergesse mich
selbst. Ich stell mir vor, was gut für ihn wäre und ihm helfen
könnte. Dann arrangiere ich etwas, von dem ich glaube, es
wäre gut für ihn. Ich beteilige mich richtig an seinem Leben,
aber dafür erwarte ich dann auch, dass er bleibt."*

Selbstwert

Es fällt auf, dass die Botschaften an Mann und Frau unterschiedliche Schwerpunkte haben.

Die Botschaft an den Mann ist bestärkende Botschaft: Kämpfe für dich, finde etwas in dir, finde deine Kraft aus dir selbst! Der Mann kämpft um etwas, das er in sich selbst finden kann.

Frauen bekommen negierende Botschaften: Verhindere, dass du allein bist. Kämpfe um seine Wertschätzung, seine Aufmerksamkeit! Die Frau kämpft um etwas außerhalb ihres Selbst.

Der familiäre Hintergrund der Liebe

In der traditionellen Zuwendung des Mannes an die Außenwelt und der Frau an die Innenwelt liegt die Ursachen der oben beschriebenen Botschaften an die Geschlechter und die Gründe dafür, dass Mann und Frau ihre Fähigkeiten unterschiedlich entwickelten. Es sind also keine wesensmäßigen oder gar genetischen, sondern soziale Faktoren für das Rollenverhalten ausschlaggebend.[1]

Die Rollenteilung hat eine weitere bedeutsame Auswirkung auf die Entstehung der „Erfahrung Liebe". Denn durch die geschlechtsspezifische Aufgabenverteilung wird eine familiäre Situation geschaffen, die sich entscheidend auf die Entwicklung der Liebeswahrnehmung auswirkt.

Erste Liebe

Die familiäre Situation stellt sich im Spannungsfeld des Dreiecks Vater-Mutter-Kind(er) dar. Vater und Mutter sind die ersten Menschen, mit denen Kinder Kontakt haben. Sie sind nicht nur Garanten für das Überleben, sie sind darüber hinaus Zugang zur Welt und Vermittler von Werten und Vorstellungen. Man kann getrost so weit gehen zu sagen, dass sie auch die ersten (Liebes-)Partner ihrer Kinder sind. So sehr sie ihre Kinder lieben, so sehr lieben ihre Kinder sie. So verliebt sie in ihre Kinder sind, so verliebt sind ihre Kinder in die Eltern.

Diese Liebe geht über eine herzliche Beziehung hinaus bis in sexuelle Bereiche hinein. Um Missverständnissen vorzubeugen: Sexuell ist die Beziehung der Eltern zu ihren Kindern im Sinne liebevoller, körperlicher Verbindung zweier Menschen, nicht im Sinne praktizierter Sexualität.

Körperliche Liebe

Die Kind/Eltern-Beziehung zeigt wesentliche Elemente der Mann/Frau-Beziehung – die Elemente der Herzlichkeit und Körperlichkeit. In den ersten Monaten und Jahren ihres Lebens können Kinder Liebe eigentlich ausschließlich durch körperliche Zuwendung begreifen. Würden die Eltern lediglich sagen: „Ich liebe dich", es würde ihren Kindern nichts nutzen. Eltern müssen ihre Liebe körperlich fühlbar machen. Für Kinder ist der Körper die Pforte, durch die sie Liebe aufnehmen.

Vor Kurzem beobachtete ich einen Vater, wie er mit seinem Baby am Strand spielte. Die Kleine kroch weg, er kroch hinterher. Er biss sie zart in den Rücken, sie quiekte begeistert. Dann bedeckte er sie von oben bis unten mit Küssen. Dieser Kontakt war auch sexuell. Mit seinem Sohn hätte er sich wohl etwas weniger körperlich verhalten, etwas weniger lustvoll.

Wer glaubt, in der Eltern/Kind-Beziehung fehle die sexuelle Dimension, sollte einmal einer Mutter zuschauen, die mit ihrem Baby-Jungen spielt. Wie sie ihn anschaut, berührt, seine Haut küsst, ihn kitzelt, liebkost und anlacht. Und den Jungen, wie er sich hingibt und genießt. Das ist sexuelles Erleben in Reinform. Beide erleben miteinander körperliche Lust. Es ist natürlich *nicht* die gleiche sexuelle Lust, die erwachsene Menschen verbindet – und doch ist es Genuss am Körper und seinen Sinnen.

Die Liebe der Mutter zum männlichen Kind und die Liebe des Vaters zum weiblichen Kind ist demnach auch sexuell, also von den Kräften gegengeschlechtlicher Anziehung beeinflusst.

Die Mutter findet ihren kleinen Jungen durchaus attraktiv, und ebenso ergeht es dem Vater mit seiner kleinen Tochter – und das ist gut so, denn Kinder brauchen diese sexuelle Bestätigung von Seiten ihrer Eltern durch die Art, in der sie angesehen und angefasst werden.

Diese Bestätigung sollte selbstverständlich vollständig distanziert von den erotischen Bedürfnissen der Erwachsenen sein. Ich spreche hier nicht von sexuellem Kontakt zwischen

Erwachsenen, sondern von körperlicher Bestätigung des „Mannseins" und „Frauseins", von einem gesunden, sexuell gefärbten Kontakt zwischen Kindern und Eltern.

Leider gestaltet sich die emotionale und sexuelle Beziehung in der familiären Situation für Jungen und Mädchen ganz verschieden, da die familiäre Situation durch die Anwesenheit der Mutter und die Abwesenheit des Vaters geprägt ist. Die Mutter ist meist da, der Vater ist meist weg.

Welche Bedeutung dieser Umstand hat, wird klar, wenn man sich in die Lage der Kinder versetzt, die im Kontakt mit Vater und Mutter erste Erfahrungen mit Liebe und Sexualität machen.

Der Junge	Das Mädchen
hat in der Mutter eine Liebespartnerin des anderen Geschlechts, die ihn liebt und „als Mann" bestätigt.	muss auf die Gegenwart eines andersgeschlechtlichen Liebes-partners verzichten, der sie „als Frau" bestätigt.

Dieser Umstand hat Konsequenzen für die Entwicklung der Identitäts- und Selbstwertgefühle der Kinder.

Selbstwert. Dass Menschen etwas wert sind, wissen sie, wenn sie als Kinder geliebt werden. „Ich bin liebenswert" ist die wie selbstverständlich verinnerlichte Überzeugung von Kindern, die Liebe und Zuwendung durch ihre Eltern erfahren. Die Liebe, die ihnen aus den elterlichen Augen entgegenkommt, gibt ihnen Vertrauen in den eigenen menschlichen Wert und damit Vertrauen in sich selbst – Selbstvertrauen.

Geschlechtsidentität. Dass Menschen als geschlechtliche Wesen, als Mann und Frau, etwas wert sind, können sie aus der liebevollen Aufmerksamkeit der Eltern allein nicht erkennen. Die Gewissheit, als ein Mann oder als eine Frau etwas wert zu sein, ergibt sich erst aus der sexuellen Aufmerksamkeit des gegengeschlechtlichen Elternteils, dem distanzierten Begehren, das Kinder in den Augen ihres ersten Liebespartners erkennen und der Lust, die sie durch dessen Berührung erleben.

Dies Begehren und damit zugleich seine geschlechtliche Identität findet der Junge im Blick seiner Mutter, der ihm sagt: „Du bist ein richtiger, schöner, kleiner Mann!"

Dies Begehren und damit zugleich seine geschlechtliche Identität vermisst das Mädchen im Blick seines Vaters, der ihm sagen könnte: „Du bist eine richtige, schöne, kleine Frau!"

Widmen wir uns noch einen Augenblick der Beziehung Mutter/Sohn und Vater/Tochter, deren Bedeutung für das spätere Liebesleben außerordentlich ist.

Die Beziehung des Jungen zur Mutter

Liebe und Sexualität. Das Verhältnis des Jungen zu seiner Mutter ist geprägt von Liebe und sexueller Verbindung. Die Mutter ist nicht bloß Bezugsperson. Sie ist Frau. Die Mutter nicht bloß vom anderen Geschlecht. Sie ist Liebespartnerin – Partnerin des Herzens und der Sexualität des kleinen Jungen.

Abhängigkeit. Daneben gibt es die erzwungene Nähe zum Kind, die ungewollten und unerwünschten Berührungen, Umarmungen und Liebesbezeugungen. Zwar sind Kinder Sexualpartner, doch sie sind keineswegs *gleichwertige* Sexualpartner. Sie sind abhängig. Sie erleben Sexualität oder körperliche Lust aus der Position eines abhängigen Wesens. Für den kleinen Jungen heißt das unter anderem: Er ist den Bedürfnissen und körperlichen Wünschen der Mutter ausgeliefert. Wenn sie etwas von ihm will, kann er nicht sagen „Jetzt lass mich in Ruhe!"

Abscheu. Die Mutter kann manche ihrer erotischen Wünsche an ihm befriedigen. Das bedeutet nicht, dass sie sexuell wird und eine inzestuöse Verbindung zu ihm aufnimmt. Aber sie stillt teilweise ihr generelles Bedürfnis nach körperlicher Nähe und Präsenz eines männlichen Wesens mit ihrem Jungen; und das umso mehr, je weniger sie dieses Bedürfnis bei ihrem eige-nen Mann erfüllen kann. Meist kann sie es bei ihm nicht oder nur mangelhaft befriedigen, denn der Vater ist ja nur selten da.

Es gibt die kontrollierende, Besitz ergreifende, übergreifende Mutter. Sie ist es, die den Jungen an sich bindet und ihn ungern größer werden lässt, der es schwer fällt, ihn aus der symbiotischen Säugling/Mutter-Beziehung zu entlassen.

> „Die Frau hat unbewusst Schwierigkeiten, auf das einzige männliche Wesen zu verzichten, das sie je bei sich gehabt hat; denn der Vater war nicht für sie da, und ihr Mann ist meistens abwesend."

Das schreibt die französische Analytikerin Christiane Olivier. Ihr Buch *Jokastes Kinder*[2] hat viel zu meinem Verständnis familiärer Ursprünge der Enge/-Mangel-Wahrnehmung beigetragen.

Hass. Die Mutter hat uneingeschränkte Macht über den Jungen. Die Macht zu geben und zu nehmen. Muss nicht der kleine Junge seine Mutter um Erlaubnis bitten, wenn er etwas will? Hat sie nicht alle Macht, ihm Wünsche zu erfüllen oder zu versagen? Muss er nicht tausendmal seine wahren Wünsche vor ihr verstecken und sie täuschen, um sich durchsetzen zu können? Ist sie nicht die erste Frau seines Lebens, die seine Handlungen und Wünsche gutheißt oder verdammt? Das Verhältnis des Jungen zu seiner Mutter ist zwiespältig.

Der Junge erlebt die erste Frau seines Lebens als eine übermächtige Gestalt, die er liebt, braucht und der er ausgeliefert ist.

Sie ist Quelle seiner Lust und seiner Frustration zugleich. Die Nähe zu ihr ist gefährlich. Einerseits ist er auf diese Nähe angewiesen, denn außer seiner Mutter ist niemand für ihn da. Andererseits muss er sich gegen ihre Macht und ihre Nähe wehren, weil sie ihm oft aufgezwungen wird. In gleichem Maße, in dem er sich zu ihr hingezogen fühlt, fühlt er sich oftmals von ihr abgestoßen. Hass und Ablehnung entstehen neben Liebe und Anziehung als Bestandteile der Beziehung des Jungen zur Mutter.

„Als ich sechs Jahre alt war, traf ich mich öfter mit einem Mädchen aus der Nachbarschaft. Sie war etwa vier Jahre alt. Wir hatten ein seltsames Ritual miteinander. Ich hielt ihr den Mund zu, bis sie keine Luft mehr bekam. Es hat mich mit einer gewissen Befriedigung erfüllt, auch wenn es mir unheimlich war, dass die Kleine nicht weglief. Heute weiß ich, dass es die Rache und Genugtuung für Demütigungen war, denen ich durch meine Mutter ausgesetzt war.“

Dieser Mann erträgt es heute noch nicht, die Vorwürfe von Frauen zu ertragen, weil sie ihn an die quälenden Vorhaltungen seiner Mutter erinnern und an den aussichtslosen Kampf gegen die mächtige erste Frau seines Lebens.

Rückzug. Der Junge fühlt sich oft ausgeliefert. Er möchte dem Anspruch entkommen, „Mutters lieber Junge“ zu sein. Doch er muss die Abneigung gegen seine Mutter in vielen Situationen verbergen, denn die Impulse seiner Selbsterhaltung gebieten ihm bei ihr zu bleiben und sich ihrem Willen unterzuordnen. Zu sehr braucht er die Mutter, als dass er ihre Ablehnung und ihren Zorn dauerhaft riskieren könnte.

Da der Junge nicht nach außen, in die Welt, fliehen kann, flieht er nach innen. Da er nicht weglaufen kann, versteckt er sich in sich selbst. Sein Körper ist da, in Mutters Armen, doch seine wahren Gefühle verschließt er.

Unschwer erkennen wir in seinem Verhalten die Grundlagen der Ja/Nein-Falle, die er als Mann aufstellen wird und unter der die Frauen seines Lebens leiden werden. *„Wenn er mit mir schläft, ist er nicht wirklich da“, „Wenn er mit mir redet, schaut er mich nicht an.“* Wie oft habe ich in der Beratung Frauen solche Sätze sagen hören. Er ist nicht da, er hat sich versteckt. Er hat Angst – Angst vor der Frau.

„… denn hier entsteht für den Mann die zärtlichste aller Lieben, gefolgt vom längsten aller Kriege. Der Mann entrinnt ihm, gezeichnet von Misstrauen, Schweigen, Frauenfeindlichkeit, kurz gesagt: mit all dem, was die Frau ihm vorwirft."[3]

Hilflosigkeit. In seinem Kampf mit der Mutter ist der Junge zudem noch auf sich selbst gestellt – und damit restlos überfordert. Der Vater, von dem er am ehesten lernen könnte, sich gegen diese Frau zu wehren, ist nur selten da. Doch selbst wenn er da ist, kann er dem Jungen nicht als Modell der Abgrenzung und Gegenwehr dienen, denn der Vater weiß selbst nicht, wie er sich wehren soll. Was der Junge vom Vater lernt, sind Rückzug und das zwiespältige Verhalten des gleichzeitigen Ja/Nein – und dieses Verhalten lernt er gründlich.

Die Beziehung des Mädchens zum Vater

Geschlechtsidentität. Der Junge erfährt seinen Wert als Mann im begehrenden Blick der Mutter. Kann das Mädchen im Begehren seines Vaters seinen Wert als Frau erkennen?

„Nur der Vater könnte seiner Tochter die ihr angemessene Stellung als geschlechtliches Wesen geben …"*

Doch wo ist der Vater? Er ist fort, geflohen aus der vermeintlichen Enge der familiären Innenwelt in die vermeintliche Freiheit der Außenwelt. Er ist abwesend, er ist bei der Arbeit.

In ihrem Lebenslauf drückt es eine dreißigjährige Taxifahrerin so aus: „Meine Mutter war immer da, anfangs auch noch mein Opa. Mein Vater war nach der Arbeit zwar anwesend, aber wenig brauchbar."

Sehnsucht. Da der Vater in den ersten Lebensjahren kaum in Erscheinung tritt, hat das Mädchen keinen gegengeschlechtlichen Liebespartner. Es bekommt zwar die liebevolle Aufmerksamkeit der Mutter, diese kann jedoch die vom Mann ersehnte sexuelle Bestätigung nicht ersetzen. Es möchte die begehrenden Blicke des Vaters spüren, die ihm sagen: „Du bist schön, du bist begehrenswert, du bist eine kleine Frau." Doch diese Blicke fehlen.

„Welch ein Unterschied zum Mann, der diesen von der Mutter kommenden begehrenden Blick von Anfang an erhält. Beim Mädchen scheint das Fehlen des väterlichen Blickes im frühen Lebensalter ein Minderwertigkeitsgefühl zu erzeugen, einen ständigen Zweifel an der Identität, den es im Erwachsenenalter immer auszuräumen gilt."*

Elke: „Das Schlimmste für mich ist, wenn ich mich nicht gesehen fühle. Wenn wir uns im gleichen Raum aufhalten und er keinen Kontakt zu mir hat. Das halte ich nicht aus. Ich will dann unbedingt seine Aufmerksamkeit und versuche, sie zu bekommen. Vom Verstand her kann ich ja verstehen, wenn er mal allein sein will, aber mein Gefühl spielt nicht mit."

Mangel. Schon das kleine Mädchen macht eine Erfahrung, die sich im Erleben jeder Frau wiederfindet: die Erfahrung des Mangels. Die Erfahrung, nicht wirklich begehrt zu werden. Der Mann ist zwar da, aber selten. Er liebt, aber zu wenig oder nicht wirklich (= wirksam) genug.

So werden Liebe und körperliche Nähe zum Mann und die Bestätigung von Seiten des männlichen Geschlechts vom Mäd-chen schmerzlich vermisst.

Unvollkommenheit. Das Mädchen versteht all dies nicht und glaubt, selbst nicht genug zu sein, glaubt, der Mangel läge in ihm selbst begründet. Das glaubt sie auch später als Frau.

Gudrun: „Wenn er sagt, er hat keine Lust auf Sex, empfinde ich das als Abweisung. Ich weiß, dass er objektiv über sich selbst spricht, über seine Unlust. Aber gefühlsmäßig beziehe ich es auf mich. Es heißt, er will mich nicht, ich bin nicht in Ordnung. Dann versuche ich, mit ihm zu reden und herauszufinden, was ihn an mir stört oder was an mir nicht o. k. ist."

Warten. Das Mädchen glaubt, der Mangel sei darin begründet, dass es noch keine richtige Frau ist (eine Frau ohne

Brüste). Es vergleicht sich mit der Mutter, die den Vater ja (scheinbar) hat und verschiebt die Hoffnung auf sexuelle Anerkennung und Lustbefriedigung auf die Zeit, in der es einmal eine Frau sein wird. Dann wird der Mann als rettender Prinz erscheinen, der sie von Sehnsucht und Einsamkeit erlöst.

„Ein Mädchen zu sein bedeutet, in Erwartung zu leben: psychisch das Hoffen auf die Ankunft des Mannes als sexuell entsprechendes Objekt, physisch das angespannte Warten auf Beweise für eine lange verborgen gebliebene Sexualität.“*

Verlassenheit. Doch die Beweise seiner Liebe sind meist kärglich. Auf die Liebe des Vaters und ihre Beständigkeit kann sich das Mädchen nicht verlassen, denn er verlässt es täglich. Es entwickelt in dieser Zeit ein tiefes Misstrauen dem Mann gegenüber, das es mit in die Mann-Beziehungen tragen wird.

Als vom Vater verlassen erleben sich all jene Mädchen, die im Fall einer Scheidung bei ihren Müttern bleiben. Je früher diese Trennung geschieht, desto tiefer gräbt sich der Schock des Verlassenwerdens ein. Eine junge Frau erlebt in der Beratung Gefühle aus einer Zeit wieder, als ihr Vater die Familie verließ:

„Plötzlich war er weg. Ich war fünf Jahre alt und habe ihn schrecklich vermisst. Ich habe gefragt, wo er ist, aber niemand wollte mir etwas sagen. Jeden Abend bin ich vor die Gartentür und habe die Straße entlang geschaut und gewartet und gehofft, dass er endlich kommt. Aber er kam nicht zurück. Es war so unbegreiflich und hat so wehgetan, dass ich mich damals, ohne mir dessen bewusst zu sein, entschlossen habe, nie mehr wieder einem Mann zu vertrauen.“

Unsicherheit. Das kleine Mädchen könnte seine Identität, seinen Selbstwert als sexuelles Wesen, als Frau aus der Bestätigung des Mannes bekommen. Da diese fehlt, fehlt ihm die Sicherheit weiblicher Identität. Es wird zwar geliebt, aber „nur als Mensch“.

„Das Fehlen des männlichen Blickes in der Kindheit macht sie
zum Sklaven dieses Blicks für den Rest ihrer Tage ... "*

Eine Klientin gibt den Gedanken Christine Oliviers mit ihren Worten wieder: *„Es kommt mir vor, als ob er an mir nicht wirklich interessiert sei. Er schaut andere Frauen an, manchmal geht er mit einer seiner Studentinnen ins Bett. Es bringt mich um, es macht mich fertig. Ich weiß, dass er mich liebt. Aber ich fühle mich nicht als Frau geliebt, nur als Mensch. "*

Eine andere Frau schildert die Trennung von ihrem Mann mit den Worten: *„Als er mich verlassen hat, war es, als ob ich mich selbst verlassen hätte. Es war, als ob ich als Frau aufhörte zu existieren. Plötzlich war nichts mehr da, alles war leer. "*

Unvollständigkeit. Doch es ist nicht nur der Blick des Vaters, den das Mädchen vermisst. Ihm fehlt auch die Berührung durch den Mann. Berührung und Geschlechtsidentität hängen eng zusammen. Forschungen zur Transsexualität[4] haben ergeben, dass Kinder bereits mit Beendigung des dritten Lebensjahres ihre geschlechtliche Identität ausgebildet haben. Gerade in diesen ersten drei Jahren wäre der emotionale und körperliche Kontakt mit dem Vater so wichtig für das Mädchen. Da er fehlt oder unzureichend ist, prägt sich auch die Geschlechtsidentität des Mädchens nur unvollständig aus.

Ohne es zu wollen, verstärkt die Mutter die verzweifelte Lage des Mädchens noch. Denn einen guten Teil seiner geschlechtlichen Identität und seiner weiblichen Selbstachtung könnte es auf dem Wege der Identifikation von der Mutter übernehmen, aber nur, wenn Mutter diese Selbstachtung – einen Selbstwert unabhängig vom Mann – besäße. Da die Mutter sich jedoch selbst unvollständig fühlt und am Mann und seiner Zuwendung orientiert ist, übernimmt das Mädchen genau diese Haltung.

Das Mädchen kann seine Mutter für ihre offensichtliche

Schwäche und Abhängigkeit aber auch verachten oder hassen (Gegenidentifikation) und sich mit den Werten und Zielen des Vaters identifizieren. Dann wird es ein tapferes, schlaues, starkes Mädchen (eine Art kleiner Junge) und später eine harte und starke Frau, die ihre eigene Weiblichkeit ablehnt.

Lassen Sie mich im nächsten Abschnitt die „Erfahrung Liebe" zusammenfassen.

Enge – die männliche „Erfahrung Liebe"

Seit den Tagen seiner frühen Kindheit ist Liebe für den Mann nicht mehr nur Liebe. Liebe ist für ihn mit der Erfahrung von Enge verknüpft.

Die *Erfahrung Liebe* des männlichen Kindes suggeriert: „Ich muss aufpassen, ich muss auf der Hut sein, sonst werde ich vereinnahmt. Sonst werde ich meines Willens beraubt. Sonst kann ich nicht machen, was ich will, sonst muss ich machen, was sie will. Sonst kann ich nicht ich sein, dann muss ich sie sein".

Seine „Erfahrung Liebe" sagt dem Mann: „Lass dich nicht zu tief ein. Nähe ist ein heißes Eisen. Nähe ist gefährlich. Nähe nimmt dir Freiheit und Individualität".

Männliche Liebe hat bereits in der Kindheit ihre Unschuld verloren. Man darf aber nicht den Fehler machen, diese „Erfahrung Liebe" auf bloße kindliche Erfahrung zu reduzieren, die der spätere Mann wie eine unangenehme Erinnerung über Bord werfen könnte. Die Verbindung von Liebe mit Bedrängtheit, von Nähe mit Bedrohung führt zu einer festen, fast untrennbar scheinenden Konditionierung des Gefühls LIEBE mit der Erwartung des Gefühls ENGE.

Nähe und Enge sind fest aneinander gekoppelt. Nähe und Enge, Liebe und Angst sind in der männlichen Wahrnehmung der Frau verknüpft. Mit anderen Worten: *Bis der Mann vielleicht eines Tages den unbewussten Zusammenhang von Liebe und Enge auflöst, kann er keine Frau lieben, ohne früher oder später Angst vor Enge zu bekommen.*

Im Erleben des Mannes taucht die Empfindung Liebe nur gemeinsam oder zeitlich kurz verschoben mit der Empfindung Enge auf. Das führt zu Konsequenzen: Wenn der Mann liebt, sucht er bald darauf das Weite, denn er muss sich beweisen, dass er noch frei ist. Dann setzen Selbstrettungsmechanismen ein, dann will er fort. Mit dem Wunsch zu fliehen wird jedoch seine eigene Angst aktiviert, die Frau zu verlieren, wenn er ihr Bedürfnis nach dauerhafter Liebe nicht erfüllt. Diese Angst ist so groß wie sein eigenes, zumeist unbewusstes Bedürfnis nach Nähe, sodass er dann doch bei der Frau bleibt.

So gibt es im inneren Erleben des Mannes kaum ein Entrinnen aus der Verbindung Liebe/Enge. Der einzige ihm bekannte Weg, der Enge zu entkommen, ist die Flucht nach innen.

Der Mann weicht – wie einst der Junge – nach innen aus. Er zieht sich in sich selbst zurück, dahin, wo SIE ihn nicht erreichen kann und er sich vor ihr und ihren realen oder vermeintlichen Ansprüchen sicher fühlt und er die Gefühle der Enge nicht mehr wahrnehmen muss.

Mangel – die weibliche „Erfahrung Liebe"

Wenn eine Frau einen Liebhaber findet, tritt sie ihm mit einem tiefen, zu Beginn der Beziehung meist unbewussten Misstrauen gegenüber. Dieses Misstrauen stammt aus der frühen Kindheit und geht auf die Erfahrungen des Mädchens mit dem Vater zurück.

Ihre „Erfahrung Liebe" suggeriert der Frau: „Sei auf der Hut, er wird dich früher oder später verlassen. Er wird dir nicht geben, wonach du dich sehnst. Du musst dich bemühen, seine Liebe zu erlangen. Du musst versuchen, ihn zu erreichen. Du musst in das Versteck seiner Gefühle gelangen, um ihn dort rauszuholen. Du musst es ihm recht machen, sonst wird er bald sein Interesse an dir verlieren und gehen".

Die „Erfahrung Liebe" bedeutet für das Mädchen ebenfalls eine Kopplung zweier Gefühle, die Kopplung des Gefühls von Liebe an das Gefühl von Mangel. Durch die Erfahrungen der Kindheit ist Liebe nicht länger einfach Liebe. Die Verbindung der Liebe mit Mangel macht es der Frau unmöglich, Liebe ohne die früher oder später auftauchende Erwartung des Mangels, der Frustration oder der Angst vor Vernachlässigung zu erleben. *Die spätere Frau kann nicht verhindern, dass sich in ihrem Erleben die Erwartung des Mangels an den Zustand der Liebe heftet. Liebe und Mangel sind aneinander konditioniert.*

Die Frau kennt keinen anderen Ausweg, dem befürchteten oder realen Mangel zu entkommen, als zu versuchen, dass der Mann sich ihr zuwendet. Bemühen und der Empfindsamkeitstest sind solche Versuche, seine Liebe zu erreichen.

Fatal

Es scheint paradox, dass sich der Zusammenhang von Liebe mit Enge bzw. Mangel in der hier beschriebenen Form nur in Liebesbeziehungen auswirkt.

Ein Mann muss eine Frau lieben, um sich von ihr beengt zu fühlen. Er muss sie lieben, um sich vor ihr verschließen zu müssen.

Eine Frau muss einen Mann lieben, um sich von ihm vernachlässigt zu fühlen. Sie muss ihn lieben, um ihn bedrängen zu können.

Außerhalb der Partnerschaft können wir ohne weiteres einen anderen Mann und eine verwandelte Frau erleben.

Da erleben wir am Arbeitsplatz einen charmanten, offenen und kreativen Mann.

Da erleben wir in der Firma eine selbstständige, unabhängige, starke Frau.

Doch sobald Liebe ins Spiel kommt, breitet sich die unbe-

wusste Angst vor Enge bzw. Mangel aus und zeigt früher
oder später ihre Wirkung.

Lieben lassen/ Zu sehr Lieben

Im Zusammenhang der Enge/Mangel–Wahrnehmung der
Liebe möchte ich einem verbreiteten Irrtum entgegentreten:
dem Glauben, die Frau liebe mehr oder besser als der Mann
und der Mann sei generell liebesunfähig. Das ist offensichtli-
cher Unsinn. Beide folgen in der Liebe einem Muster.

Die Reproduktion von Enge und Mangel

Es ist kein Zufall, dass Männer und Frauen die einmal ge-
machte „Erfahrung Liebe" reproduzieren.

> Ohne es zu wollen, ohne es zu wissen, gestalten
> Mann und Frau die Realität von Enge bzw. Mangel
> nämlich gerade dadurch, dass sie sie verhindern
> wollen.

Am Anfang der Schmerzabwehrschlacht stehen Überzeugungen, die Mann und Frau aus ihrer Wahrnehmung gewinnen. „Sie will mich einengen" und „Er ist nicht wirklich an
mir interessiert" sind beispielhaft. Am Ende des Abwehrkampfes stellen beide Partner fest, dass sie offensichtlich
recht hatten. Denn tatsächlich wird ER im Empfindsamkeitstest bedrängt und tatsächlich wird SIE in der Ja/Nein-Falle
vernachlässigt.

Die Voraussagen, die beide zum Kampf motivierten, haben
sich bewahrheitet. Solch eine Entwicklung durchlaufen viele
Partnerschaften. Es fängt mit Überzeugungen an und endet
mit Erfahrungen, die den anfänglichen Überzeugungen ent-
sprechen und diese bestätigen. Die Voraussagen materiali-
sieren sich. Am Ende sieht sich jeder bestätigt:

Männer sind eben so ...   *Frauen sind eben so ...,*

„Liebe ist eben so ..." Doch das ist nicht die Wahrheit.
Liebe im Kontext von Enge und Mangel ist so! Die Wahrheit lautet: Die Partner haben diese Erfahrung selbst entste-

hen lassen.

Hier sind wir am Dreh- und Angelpunkt zum Verständnis des Kampfes um Liebe angekommen. Es geht darum zu begreifen, *wie* Mann und Frau die Realität von Enge und Mangel, vor der sie sich fürchten, gerade dadurch herstellen, dass sie alles daransetzen, sie zu vermeiden.

Stellen wir uns die Partner als *„gebrannte Kinder"* vor. Wie werden sie – aufgrund ihrer Angst – aufeinander reagieren?

Der Mann wird auf der Hut sein und beim kleinsten Verdacht der Einengung mit der Abwehr beginnen. Er wird sich verschließen, denn er will Bedrängung vermeiden.

Auch die Frau wird auf der Hut sein und beim geringsten Anzeichen von Mangel mit ihrer Abwehr anfangen. Mit ihrem Bemühen will sie Vernachlässigung vermeiden.

Woher aber wissen Mann und Frau, dass es jetzt höchste Zeit ist, sich zu schützen? Woher wissen sie, dass der Partner mit dem befürchteten Verhalten begonnen hat, sie beengt oder vernachlässigt? Woher wissen sie, dass es Zeit ist, zu handeln und abzuwehren? Dies sind Fragen nach der Bedeutung, die sie dem Verhalten des anderen geben.

Kommunikation

Zur Erklärung dieser Vorgänge muss ich etwas tiefer in die Funktionsweise menschlicher Kommunikation einsteigen.

Welche Bedeutung hat es für die Frau, dass der Mann bei der Umarmung die Tasche in der Hand behält? Was bedeutet es für die Frau, dass der Mann mit seinen Freunden ausgehen will? Was bedeutet es im Erleben des Mannes, dass die Frau ihn daran hindern will, ohne sie auszugehen? Welche Bedeutung hat es für den Mann, dass die Frau seine Gefühle spüren will und deshalb ständig nachfragt? Die zentrale Frage partnerschaftlicher Kommunikation lautet:

> Was verrät dem Mann die wahre Bedeutung dessen, was die Partnerin tut?

> Was verrät der Frau die wahre Bedeutung dessen, was der Partner macht?

Der Sinn, den sie im Wahrgenommenen entdecken, liegt nicht in den Ereignissen, sondern in den Beobachtern dieser Ereignisse, also in ihnen selbst. Etwas bekommt Sinn, wenn es in einen Zusammenhang passt. In welchem Zusammenhang ergibt nun das, was der Partner tut, einen nachvollziehbaren Sinn? Welchen Zusammenhang haben Männer bzw. Frauen zur Deutung der Ereignisse rund um Liebe zur Verfügung?

Den Zusammenhang von Enge bzw. Mangel. Es ist dieser Zusammenhang, in dem wir Liebe kennengelernt haben, in dem Ereignisse eine bestimmte Bedeutungen erhalten. Im Kontext von Enge bzw.Mangel kann all dies nur eine wahre, nur eine wahrscheinliche Be-Deutung haben.

> Sie will mich einengen, mich ganz und gar haben!

> Er liebt mich nicht wirklich, ich bin ihm nicht genug!

Davon sind wir zutiefst überzeugt, denn nichts anderes ergibt für uns Sinn. Wer eine rote Brille aufhat, für den sind Bäume rot; und wer eine blaue Brille aufhat, ist sich sicher, dass Bäume blau sind. Solange diese Brillen unentdeckt bleiben, ist jeder hundertprozentig sicher, mit seiner Wahrnehmung recht zu haben. Das heißt:

> Mann und Frau reagieren in ihrer Beziehung nicht direkt auf die Worte oder Handlungen des Partners. Sie reagieren auf die Bedeutung, die sie den Worten oder dem Verhalten des anderen geben. Sie reagieren auf ihre eigene Interpretation des Wahrgenommenen.

Betrachten wir an einigen Beispielen, wie die Ereignisse des Beziehungsalltags durch den Filter Enge/Mangel interpretiert werden.

• SIE plant die Aktivitäten der Freizeit und macht diesbezüglich eine Menge Vorschläge. Ihre Aktivität bedeutet für IHN: „Sie will über mich bestimmen und mir vorschreiben, was ich zu tun habe“.

• ER schläft gern und lange, vor allem morgens. SIE möchte nach dem Wachwerden schmusen und kuscheln. Sein Schlafen bedeutet für SIE: „Er will sich mir entziehen. In Wirklichkeit ist er gar nicht so müde, er will sich vor mir drücken“.

• ER telefoniert mit ihr, während im Hintergrund der Drucker seines Computers rattert. Für SIE bedeutet das: „Er spricht nur nebenbei mit mir, anderes ist ihm wichtiger“.

• SIE beschwert sich daraufhin und das bedeutet für IHN: „Ich kann es ihr nicht recht machen, nie ist sie zufrieden (nun hab ich sie schon angerufen, obwohl ich noch so viel zu tun habe)“.

• ER unterhält sich lange mit einer attraktiven Frau. Das bedeutet für SIE: „Er ist mit mir unzufrieden, sonst würde er sich nicht für die andere interessieren“.

• SIE erzählt ihm, wie es ihr geht, wie SIE sich fühlt. Das bedeutet für IHN: „Ihr fehlt etwas, ich soll etwas für sie tun, sie will etwas von mir“.

Man könnte natürlich sagen, diese Beispiele seien banal, und sie beiseite schieben. Doch der Beziehungsalltag der Partner steckt voller kleiner Scharmützel und großer Kämpfe, die ihren Ursprung in der Enge/Mangel-Wahrnehmung haben. Die geschlechtsspezifische Wahrnehmung färbt Ereignisse derart, dass selbst bedeutungslose Dinge einen – scheinbar wahren – Sinn erhalten.

Selbst wenn die Frau nur da ist, nichts sagt oder tut, kann der Mann sich schon beengt fühlen.

Selbst wenn der Mann nur still ist, kann sich die Frau schon vernachlässigt fühlen.

Wenn ein Partner erst einmal eine Deutung gemacht hat und zu einer entsprechenden Überzeugung gelangt ist, wird es schwer, wenn nicht unmöglich, ihn vom Gegenteil zu überzeugen.

<table>
<tr><td>

Wenn der Mann davon überzeugt, beengt zu werden, stellen sich augenblicklich Gefühle der Enge ein.

</td><td>

Ist die Frau überzeugt, vernachlässigt zu werden, stellen sich augenblicklich die Gefühle des Mangels ein.

</td></tr>
</table>

Die eigenen Gefühle werden nun zum Beweis der Deutung. Die Partner glauben „Meine Gefühle können sich nicht irren". Doch sie können sich irren, denn auch die tiefsten Gefühle ergeben sich aus den durch die Enge/Mangel-Wahrnehmung erzeugten Deutungen.

So werden Partner Opfer einer verzerrten Wahrnehmung, die sie von ihrer Familie und der Gesellschaft übernommen haben. Die Wahrnehmung im Kontext der Liebe steht am Anfang der Kette der Reproduktion.

Die Kette der Reproduktion

Wenn Partner sich erst einmal eine Bedeutung der Ereignisse und Vorfälle in der Partnerschaft versinnbildlicht haben, treten die Folgen wie von selbst ein. Diese Reproduktion der schmerzlichen Erfahrung Liebe lässt sich in fünf Schritten darstellen.

1. Ereignis: Am Anfang steht ein Ereignis, das als solches noch keinen Sinn ergibt.

2. Deutung: Dieses für sich betrachtet sinnlose Ereignis wird durch den Filter „Enge/Mangel" gedeutet.

3.Überzeugung:Aufgrund der Be-Deutung entsteht eine Überzeugung, eine innere Voraussage in Bezug auf die kommenden Ereignisse.

4. Reaktion: Diese Überzeugung führt zu einer Reaktion,

einem bestimmten Verhalten, das den Ein-
tritt der befürchteten Nachteile verhindern
soll.

5. Erfahrung: Das Erleben des eigenen Verhaltens wird
zum Beweis: „Siehst du, ich werde be-
drängt" oder: „Siehst du, ich werde vernachlässigt".

Damit schließt sich die Kette der Reproduktion. Die alte
Erfahrung ist wiederhergestellt, der Kontext hat sich erneu-
ert. Im Zusammenspiel des Kontextes Enge und Mangel
nehmen die Ereignisse ihren vorbestimmten Lauf. Auch der
Mann reproduziert seine „Erfahrung Enge":

1. Ereignis: Die Frau kommt auf ihn zu.

2. Deutung: Durch den Filter der Enge und Bedrängtheit.

3. Überzeug.:   Sie erwartet schon wieder was von mir.

4. Reaktion: Er macht zu und zeigt kein Gefühl.

5. Erfahrung: ENGE: Ich werde eingeengt.

Ein gerader Weg führt vom Kontext „Enge" zur Erfahrung
„Enge", zur Reproduktion unbefriedigender Erfahrungen.
Entsprechend funktioniert diese Abfolge perfekt im Zusammenhang mit dem entgegen gesetzten Kontext von Mangel
auf der Seite der Frau:

1. Ereignis: Der Mann schaut einer anderen Frau nach.

2. Deutung: Durch den Filter des Mangels und der Vernachlässigung.

3. Überzeug.:   Ich gefalle ihm nicht genug, er wird mit der
anderen gehen.

4. Reaktion: Sie bemüht sich um seine Liebe.

5. Erfahrung: MANGEL: Ich bekomme nicht, was ich
brauche.

Auch hier führt ein direkter Weg vom Kontext „Mangel"
zur Erfahrung „Mangel".

Am Ende der Kette der Reproduktion haben sich die Befürchtungen der Partner bewahrheitet. Jetzt ist er wirklich der stumme, schweigende oder widersprüchliche Mann, jetzt lehnt er die Frau wirklich ab (Ja/Nein-Falle). Jetzt ist sie wirklich die drängende, bohrende Frau, denn jetzt will sie ihn erreichen, koste es was es wolle (Empfindsamkeitstest).

Selbst verursachte Erfahrungen

Jeder Partner hat seine Situation selbst geschaffen. Jeder ist selbst verantwortlich für sein Erleben von Enge oder Mangel. Jeder ist selbst verantwortlich für seine Erfahrung von Leid.

Ich weiß, dass dieser Brocken nicht leicht zu schlucken ist. Aber es ist so. Eine Erfahrung ist nichts Objektives. Eine Erfahrung gibt keine Wahrheit wieder.

> Eine Erfahrung ist die subjektive Verarbeitung eines Ereignisses.

Viele Menschen erleben den Tod eines Partners. Für einige gerät dies zur Erfahrung, „dass sich Liebe nicht lohnt, weil man am Ende doch allein ist". Andere erfahren durch das gleiche Ereignis „die Endlichkeit des Lebens" und fühlen sich aufgefordert, „die Liebe anzunehmen, wo immer sie mir begegnet". Wie eine Erfahrung ausfällt, hängt also von der jeweiligen Art und Weise ab, Ereignisse zu verarbeiten.

Diese Erkenntnis bietet einen Hinweis auf mögliche Lösungen. Doch zuvor möchte beschreiben, welche Auswirkungen die Enge/Mangel–Wahrnehmung auf den sexuellen Bereich hat.

Enge und Mangel ersticken
Liebe und Sexualität

Nach den Symptomen der Enge- und Mangelwahrnehmung in der sexuellen Verbindung von Partnern braucht man nicht lange zu suchen. Die ersten Spannungen tauchen bereits in der Phase der Annäherung auf, denn das Tempo, in dem Mann und Frau sexueller Anziehung reagieren, ist unterschiedlich.

„Frauen zieren sich. Man muss sie erobern."	*„Männer wollen immer gleich zur Sache kommen."*

Die Frau braucht Zeit, der Mann hat keine Zeit. Diese Unterschiede liegen *nicht* – wie so oft behauptet wird – im Wesen von Mann und Frau begründet. Der Mann ist nicht „von Natur aus" schneller, die Frau braucht nicht „von Natur aus" mehr Zeit. Diese Unterschiede haben ihren Ursprung in den Befürchtungen und Ängsten der Partner.

Dem Mann fällt es leichter, mit einer ihm fremden Frau sexuell zu werden. Da die Beziehung neu und unbelastet ist, da bisher keine Ansprüche an ihn gestellt wurden, da er bisher nicht bedrängt wurde, kann er sein Herz öffnen. Mit der Zeit wird es für ihn jedoch immer schwieriger, offen zu bleiben, denn seine Ängste vor Enge wachsen im Verborgenen.

Der Frau fällt es schwerer, mit einem ihr fremden Mann sexuell zu werden. Sie braucht Zeit, um Vertrauen aufzubauen, sich sicher zu fühlen und sich zu öffnen. Solange ein Mann ihr fremd ist, bleibt die Frau zurückhaltend. Sie öffnet sich, wenn sie ihn länger kennt. Mit der Zeit fällt es ihr also leichter, sich zu öffnen.

Das hat manchmal zur Folge, dass die Höhepunkte der sexuellen Anziehung bei Paaren zeitlich versetzt vorkommen. Der Mann erlebt die Zeit großer sexueller Intensität am Anfang der Beziehung, die Frau meist später.

Auch darin liegt eine Spannungs- und Konfliktursache, denn jeder interpretiert diese Vorgänge auf seine Weise. Nach und nach wird Sexualität ein Konfliktfeld der Beziehung und damit ein Teil des Kampfes um Liebe.

Die Sexualität des Mannes im Kontext der Enge

Leidet der Mann in der Beziehung unter dem Druck, die Frau „lieben zu müssen", so kommt auf sexuellem Gebiet noch weiterer Druck hinzu:

Jürgen: „Bei ihr hat die Erwartung bestanden, dass ich sie wollen soll. Sie wollte, dass ich mit ihr schlafen will. Sie hat nicht versucht, mit mir zu schlafen, sondern hat versucht, mich dazu zu kriegen, dass ich sie will. Der Druck war, dass ich das Ganze anschieben sollte, dass ich die Initiative ergreifen sollte, dass ich sie begehren sollte. "

„Du sollt mich begehren" ist die sexuelle Entsprechung zur emotionalen Erwartung „Du sollst mich lieben", durch sie werden die Engegefühle des Mannes verstärkt. Dabei kommt diese Erwartung nicht nur von der Frau. Der Mann selbst trägt sie in sich, denn auch er glaubt, die Frau, die er liebt, begehren zu müssen. Er glaubt daran, auch wenn dieser Druck seine sexuelle Erregbarkeit einschränkt. Doch er erwartet noch mehr von sich.

Rolf: „Der Druck, für ihre sexuelle Erfüllung zuständig zu sein, der macht bei mir alles tot. Da fühle ich mich völlig überlastet. Wenn sie erwartet, dass ich sie sexuell erfülle, weil wir zusammen sind und weil sie unzufrieden ist, dann ist schlagartig Schluss. "

„Ich soll sie befriedigen und erfüllen" ist eine weitere Erwartung, die dem Mann zu schaffen macht. In seiner Sexualität steht der Mann somit unter dreifachem Druck:

   1. der Erwartung, die Frau begehren zu sollen,

   2. der Erwartung, sie sexuell erfüllen zu müssen und

3. dem Druck seiner eigenen sexuellen Bedürfnisse.

Unter der Last dieser Ansprüche genügt manchmal schon ein Satz, um den Mann in Panik zu versetzen.

Gerd: „Sie hat mir von den unbefriedigenden sexuellen Erfahrungen in ihrer vorherigen Beziehung erzählt und dann so einen Satz fallen lassen „Jetzt hab ich ja dich". Das war wie ein Schlag für mich. Plötzlich war alles wie ausgeknipst. Ich wollte erst wieder mit ihr schlafen, als sie sich von mir getrennt hat."

Der Satz: „Jetzt hab ich ja dich" bedeutete in Gerds Wahrnehmung: „Jetzt muss ich – sie zufrieden stellen, sie begehren, ihre Erwartungen erfüllen, besser sein als der andere". Gerd gerät in Panik, sein sexuelles Interesse zieht sich zurück und meldet sich erst wieder, als seine Freundin sich von ihm trennt. Durch die Trennung bekommt er den Platz und die emotionale Gewissheit, frei und nicht beengt zu sein – und nur aus dieser Gelassenheit (er hat Gelassenheit, weil sie ihn lässt, indem sie sich trennt) heraus kann er sein sexuelles Interesse an ihr wieder entdecken.

Frühzeitiger Samenerguss

Weil er nicht gelassen ist, weil er unter Druck steht, sucht der Mann Auswege.

Conny: „Es macht mich langsam wahnsinnig. Seit vier Jahren haben wir nicht mehr richtig miteinander geschlafen. Es läuft immer gleich ab und geht blitzschnell. Manchmal merke ich gar nicht, dass es schon passiert ist. Dann dreht er sich um, sagt „Entschuldigung" und schläft sofort ein. Ich liege da und fühle mich beschmutzt und missbraucht."

Die Erfahrung dieser Frau lässt sich in dem Satz zusammenfassen: *Wenn er kommt, geht er.* Gleichzeitig mit dem Samenerguss bricht der Mann die von vornherein oberflächliche Verbindung zu ihr ab. Er dreht sich um und schläft ein. Seine Frau bleibt zurück, enttäuscht und frustriert. Ihr Mann ist müde, bestenfalls ein wenig entspannt. Er hat Spannung abgelassen. Doch am nächsten Tag hat er wieder Spannung aufgebaut, dann braucht er es wieder, und wieder findet er statt tief gehender Befriedigung kurzfristige Entspannung in Form von Ermattung.

Im frühzeitigen Samenerguss schließen zwei starke innere Spannungen des Mannes einen fragwürdigen Kompromiss. Die Spannung, die aus dem eigenen Wunsch nach sexueller Befriedigung erwächst, vermischt sich mit der Angstspannung vor körperlicher Nähe zur Frau. Das Ergebnis ist eine Begegnung, die weder nah noch fern, weder Ja noch Nein ist. Vollkommener als durch den verfrühten Samenerguss kann sich der Rückzug aus der Nähe zur Frau kaum sein. Nach Sekunden oder Minuten ist es vorbei.

Impotenz

Doch frühzeitiger Samenerguss ist nicht der einzige Ausweg des Mannes aus der Bedrohung durch Nähe. Der Kampf um Freiraum kann auch andere Formen annehmen – er kann in die Verweigerung führen.

Ralf: „Das kenn ich ja, sie ist dann so fordernd, da gibt es kein Entrinnen. Da weiß ich schon, jetzt ist es wieder so weit, jetzt muss ich ran. Also sag' ich mir, was soll's. Ich sag' mir, dass ich doch nicht drumherum komme und es besser hinter mich bringe. Dann fangen wir an. Eigentlich bin ich müde und das geht mir zu schnell. Manchmal geht meine Erektion weg. Am liebsten würde ich die Augen zumachen und einfach wegkippen, einfach entschwinden. Irgendwann schlaf ich ein.“

Männern, die ihre eigenen Gefühle auf diese Weise ignorieren und sich zu einer Nähe und einer Leistung zwingen, die ihnen nicht entspricht, bleibt nach einiger Zeit oft nur der Ausweg in die Impotenz. Dann läuft nichts mehr (auch kein

Samen) und sie sind von der Pflicht, lieben zu müssen, entbunden. Dann wird Impotenz zum Ausweg aus der Enge und zur unumstößlichen Weigerung, Liebe beweisen zu müssen. Aus dem „ich will nicht' ist ein „ich kann nicht' geworden.

Die Sexualität der Frau im Kontext des Mangels

Auch die Frau steht in ihrer Sexualität unter mehrfachem Erwartungsdruck:

1. Dem Druck, das Begehren des Mannes aufrecht zu erhalten,

2. dem Druck, den Mann sexuell zufriedenzustellen,

3. dem Druck ihrer eigenen, unerfüllten Bedürfnisse.

Bemühen

Gabriele: „Ich ertappe mich dabei, dass ich mir schon wieder Selbstvorwürfe mache. Ich schaffe es nicht, einen Mann auf Dauer sexuell bei der Stange zu halten – das werfe ich mir vor. Ich fühle mich ungenügend, nicht gut genug, nicht schön genug. "

„Ich muss sein sexuelles Interesse an mir wach halten" ist die insgeheime Überzeugung der Frau, durch die sie versucht, Mangel zu vermeiden. Aus dieser Überzeugung heraus bemüht sie sich um die sexuelle Aufmerksamkeit des Mannes, macht sich für ihn schön, lässt sich für ihn liften, richtet sich nach ihm. Wenn das sexuelle Interesse des Mannes nachlässt, bezieht die Frau dies wie selbstverständlich auf sich. „Das muss an mir liegen. Was ist geschehen? Gefalle ich ihm nicht mehr? Stimmt etwas nicht mehr mit mir? Bin ich uninteressant geworden? Gefällt ihm eine andere besser? Bin ich zu dick? Zu dünn? Zu alt? Bin ich nicht gut genug im Bett?."

Gertrud: „Nachdem sexuell nicht mehr viel mit uns los war, habe ich versucht, das spielerisch zu verändern. Mir besondere Wäsche angezogen oder Fantasien in den Sex gebracht, um Spannung zu erzeugen und ihn anzuregen. Ich habe alles versucht. Wir haben uns Filme angesehen, um uns anzutörnen. Schließlich hat er verlangt, dass ich mir Reizwäsche und Strapse anziehe. Dann ist sein Sex regelrecht aggressiv geworden. Nach einer Weile habe ich mich erniedrigt gefühlt. Ich hab es gemacht, damit er mit mir schläft. Aber ich hab mich dafür vor mir selbst geschämt."

Die Frau kann die Aufmerksamkeit des Mannes erreichen, sie notfalls mit Verführung, mit Druck, mit Unzufriedenheit und Forderung erzwingen. Sie kann seinen Sex provozieren, doch sie wird seine seelische Zuwendung vermissen. Irgendetwas fehlt. Seine liebevolle Anwesenheit fehlt. Je größer ihr Druck, ihr Verlangen wird, desto weiter zieht er sich zurück. Da sie weiterhin einen körperlichen Ausdruck seiner Liebe sucht und nicht bekommt, kann Sex für sie nicht lang genug, gut genug, intensiv genug sein. Sie glaubt, es müsste noch etwas Anderes oder Besseres kommen. Doch es passiert nicht.

Frustration

Frauen sind vom schnellen Mann oder sich verweigernden Mann frustriert und enttäuscht:

„Das nervt mich. Wenn er fertig ist, wird er müde und schläft ein. Wenn er gekommen ist, ist es vorbei – Banane. Und ich, wenn ich gekommen bin, dann ist nichts vorbei, dann könnte es erst richtig losgehen. Ich bin hellwach. Meist will ich nicht, dass er kommt, weil es dann vorbei ist."

„Was mich fertigmacht, ist, wenn das Gefühl dabei fehlt. Er will zwar mit mir schlafen, aber dann ist nicht unbedingt Nähe da. Wenn er mit mir schläft und nicht dabei ist, nicht bei mir ist, das ist das Schlimmste für mich. Da fühle ich mich benutzt und verlassen."

Frauen vermissen sehr oft den Mann im Bett. Sie vermissen sein Herz. Er ist da, sein Körper ist da, aber er selbst ist nicht anwesend. Wieder einmal ist er geflohen. Wieder einmal hat er sich dem Kontakt entzogen. Wieder einmal bleibt die Frau in den Gefühlen des Mangels und der Vernachlässigung zurück. Sie sucht den Mann, fordert seine Gegenwart, aber er flieht. Flieht in den Schlaf – oder zu einer anderen Frau.

Helga macht ihrem Mann Kurt Vorwürfe: *„Dass du mal fremdgehst, kann ich noch verkraften. Aber dass du kaum noch mit mir schläfst, das verletzt mich. Dass du mich liebst, weiß ich. Aber du liebst mich nicht als Frau. Als Frau fühle ich mich völlig missachtet."*

In ihrer dreizehn Jahre dauernden Beziehung hatte Helga nur in den ersten zwei Jahren das Gefühl, von ihrem Mann „als Frau" geliebt zu werden. Danach wurde Sexualität mit ihm selten und unbefriedigend. Schließlich schlief sie fast ganz ein.

Sie ist sicher, dass ihr Mann all das, was er ihr vorenthält, anderen Frauen gibt. Dass sein Sex auch dort heftig und schnell ist, kann sie sich nicht vorstellen. Wozu sonst sollte er zu anderen gehen, wenn die nicht besser sind oder ihm besser gefallen? Was sonst sollte sein Fremdgehen bedeuten, als dass sie „nicht gut genug" ist? „Zeig mir, dass du mich liebst, zeig mir, dass ich begehrenswert bin" ist ihre Sehnsucht. Wie soll er sein Begehren zeigen? Körperlich, indem er mit ihr schläft, ihr seine Sexualität und sein Herz gibt. Doch der Mann bleibt fern.

Frigidität

Irgendwann ist die Frau so enttäuscht, dass sie sich dieser Sexualität verweigert und ihr Herz verschließt. Gefühlskälte wird zum Mittel der Verweigerung und des Selbstschutzes der Frau. Wenn sie sich dem Mann auch nicht ganz verweigert, so gibt sie sich ihm auch nicht mehr völlig hin.

Emotionen ersticken die sexuelle Leidenschaft

Wenn Enge und Mangel Einzug in die Sexualität der Partner gehalten haben, begegnen sich Mann und Frau statt in Lust und Sinnlichkeit in Druck und Angst.

Konnten die Partner zu Beginn der Beziehung manchen Riss der Beziehung kitten, indem sie miteinander schliefen, so wird das im Laufe der Zeit immer schwerer. Sie können auf Dauer die psychischen Spannungen aus ihrer Sexualität nicht heraushalten. Mann und Frau können sich nicht einerseits permanent streiten und andererseits in zärtlicher sexueller Verbindung aufgehen. Alte Verletzungen überlagern die gegenwärtige, sinnlich-körperlich-seelischen Begegnungen.

An diesem Punkt belasten Emotionen, deren Wurzeln bis in die Kindheit der Partner reichen, die sexuelle Verbindung. Als Emotionen bezeichne ich in diesem Zusammenhang diejenigen Gefühle, die aus vergangenen Beziehungen und Erlebnissen stammen. Diese Vergangenheit kann Stunden, Tage oder Jahre alt sein, sie kann bis zur Beziehung zu den Eltern zurückreichen.

Unter Empfindung in diesem Zusammenhang verstehe ich die unmittelbaren, freudvollen, lustvollen oder schmerzhaften Gefühle, die aus den gegenwärtigen, körperlich–sinnlichen Begegnungen der Partner erwachsen. Empfindungen entstehen im Berühren, Öffnen, Atmen, Spüren, Loslassen, Pulsieren, im Genuss der aktiven und rezeptiven Kräfte der Sexualität.

Zu Beginn ihres Kontaktes war es den Partnern noch möglich, diese Empfindungen relativ frei von Emotionen zu erleben und in sie einzutauchen. Nachdem Enge und Mangel in die sexuelle Beziehung eingedrungen sind, ist das nicht mehr möglich. In einer Flut von Angst und Groll, die sich aus vergangenen Spannungen und Ereignissen über die Gegenwart der sinnlichen Begegnung ergießt, ist Sexualität reduziert.

Die Wunden des Kampfes um Liebe

Wenn Partner aus dem Kreislauf der ständigen Reproduktion von Enge und Mangel aussteigen wollen, kommen sie nicht umhin, eine Frage zu beantworten: „Was steckt hinter diesem merkwürdig hartnäckigen Verhalten, das uns dazu bringt, das Karussell des Streits eine um die andere Runde zu durchlaufen?"

Man kann auch anders fragen: „Was macht es den Partnern möglich, sich so sinnlos zu verhalten?" Beide wissen vom Verstand her, dass ihr Verhalten destruktiv ist. Beide würden sich gern anders verhalten. Etwas verhindert ein anderes, sinnvolleres Verhalten.

<table>
<tr><td>Frage an den Mann:</td><td>Frage an die Frau:</td></tr>
<tr><td>„Was ist die innere Überzeugung, die erzwingt, dich bedrängen zu lassen?"</td><td>„Was ist deine insgeheime Überzeugung, die dich dazu drängt, dich zu bemühen?"</td></tr>
</table>

In den Antworten finden wir einen Schlüssel zum Verständnis der extremen Verhaltensweisen des Beziehungskampfes:

<table>
<tr><td>„Claudia will so viel, und ich gebe ihr schon so wenig. Wenn ich mich jetzt noch weigere, ihr zuzuhören, stehe ich ihr ja überhaupt nicht mehr zur Verfügung."</td><td>„Wenn ich mich nicht darum bemühe, etwas von Rüdiger zu bekommen, dann tut sich überhaupt nichts. Wenn ich ihn in Ruhe lasse, kann ich warten, bis ich schwarz werde."</td></tr>
</table>

Rüdiger ist davon überzeugt, sich „das anhören zu *müssen*", und Claudia ist davon überzeugt, „sich um seine Zuwendung bemühen zu *müssen*". Diese Überzeugungen sind so stark, dass sie keine alternativen

58

Verhaltensweisen zulassen, was sich im Gebrauch des Wortes „müssen" zeigt. Wenn sie sich so verhalten müssen, dann können sie nichts anderes tun, dann bleibt ihnen keine andere Wahl.

Angst vor dem Verlassenwerden

Welche Konsequenzen würde ein anderes Verhalten vermutlich und befürchtet mit sich bringen? „Ich muss, sonst: ..."

„Dann würde sie mich verlassen! Sie hat es mir oft genug angedroht!"

„Dann würde ich nie etwas bekommen. Dann könnte ich genauso gut gehen!"

Wenn ich nicht ertrage, wenn ich mich nicht bemühe, dann ... werde ich allein sein. Diese Überzeugung bindet Mann und Frau an das Verhalten des Beziehungskampfes und verhindern, dass sie etwas anderes tun. „Ich muss mich so verhalten, MUSS es aushalten, MUSS mich bemühen, sonst ... werde ich verlassen!"

Es ist Angst vor dem Verlust des Partners, die die Kette der Reaktionen hervorbringt. Diese Angst bildet den Hintergrund des Kampfes um Liebe.

Zweifeln Sie daran? Dann, liebe Leserin, lieber Leser, überprüfen Sie Ihr eigenes Verhalten im Beziehungskampf mithilfe der folgenden Fragen „Welche innere Überzeugung *erzwingt* meine Reaktion? Welche Überzeugung fordert mich auf sie/ihn anzuschreien, sie/ihn zu beschuldigen, sie/ihn mit Verachtung zu strafen?"

Wenn Sie sich die Zeit nehmen, den Antworten aus Ihrem Inneren zu lauschen, werden Sie erstaunt sein. Erstaunt über die Ängste, die sich hinter Ihrem Verhalten verbergen, erstaunt über die Voraussagen, die Sie aufgrund dieser Ängste treffen – und sich nicht mehr über die daraus resultierende Reaktion wundern.

Unschwer erkennen wir hinter den Überzeugungen der
Angst die Erfahrungen, die wir als Kinder gemacht haben.

<table>
<tr><td>

„Wenn ich mich mit Mutters Vorschriften nicht abfinde, wenn ich sie nicht aushalte, werde ich ihre Liebe verlieren!"

</td><td>

„Wenn ich mich nicht um Vaters Aufmerksamkeit bemühe, wird nichts passieren, wird er mich nicht wahrnehmen!"

</td></tr>
</table>

Die Überzeugungen der Angst stammen aus einer Zeit, da
Liebe im Zusammenhang mit Abhängigkeit vorkam – wir
waren ja von der Zuwendung unserer Eltern abhängig. Doch
auch wenn wir heute glauben, die Vorgänge der Kindheit
hinter uns gelassen zu haben: Auf emotionaler Ebene erklären wir uns die Dynamik der Liebe auf die gleiche Weise, in
der wir sie als Kind erlebt und erfahren haben.

Unsere Ängste und Gefühle erweisen sich dabei als mächti-
ger als der schlaue Kopf. Sie zwingen uns zu einem Verhalten, unter dem wir leiden.

Erdulden – die Qual des Mannes

Wie groß die Angst des Mannes ist, seine Frau zu verlieren
können wir am Ausmaß seiner Erleidens- und Erduldensfä-
higkeit ermessen:

*Erich: „Ich fühle mich dafür verantwortlich, dass es ihr
gut geht. Ich kann es nicht ertragen, wenn sie leidet. Sie
wirft mir ja auch immer vor, meinetwegen zu leiden. Dann
versuche ich, ihr zu helfen. Ich diskutiere mit ihr, mache ihr
Vorhaltungen, versuche, sie davon zu überzeugen, dass es
keinen Grund gibt zu leiden, ziehe sie auf. Ich versuche alles, sie da rauszuholen, damit diese Last von mir genommen
ist, denn ich fühle mich immer schuldig an ihrem Zustand."*

Erich macht etwas, das vielen Männern tun: Erst zieht er
sich einen Schuh an, der ihm viel zu eng ist, dann versucht
er, ihn loszuwerden. Er bemüht sich, findet aber keine Wege,
seiner Frau zu helfen. Ihr zu helfen ist auch nur sein sekun-

däres Interesse. Primär will er sich von der Last seines schlechten Gewissens befreien. Wir können annehmen, dass auch das Kind Erich gegenüber seiner Mutter mit den gleichen Schuldgefühlen zu kämpfen hatte, wenn sie litt. „Mutter leidet" heißt für das Kind ja auch, die Liebe von Mutter ist in Gefahr, und das bedeutet „Ich bin in Gefahr". Auch daher stammt die Überzeugung: „Ich muss ihr helfen – ich muss etwas für sie tun – sonst bin ich in Gefahr sie zu verlieren."

Der Mann Erich ist innerlich gelähmt, wenn seine Frau leidet. Seine Frau weiß bewusst oder unbewusst genau, wie sie ihren Mann unter Druck setzen kann. Sie wirkt schwach und hilflos. Sie sagt nichts, sie klagt nicht, aber ihr Blick spricht Bände.

Die unausgesprochenen Botschaften an Erich lauten: „Mir geht es so schlecht, weil du mich nicht genug liebst, weil du dich nicht genug um mich kümmerst. Ich leide so sehr, weil du so egoistisch bist und nur an dich denkst."

Berater: „*Was bedeutet ihr Zustand für dich?*"

Erich: „*Sie deckt mich mit ihrer Wehleidigkeit völlig zu. Diese diffusen Anklagen machen mich wahnsinnig.*"

Berater: „*Bist du daran schuld?*"

Erich: „*Ich denke nicht, dass ich schuld bin. Aber ich fühle mich schuldig. Das heißt dann, dass ich etwas für sie tun muss.*"

Berater: „*Was musst du tun für sie?*"

Erich: „*Ihr helfen. Es ist eine Art Lastenausgleich.*"

Sein Verstand, sein Denken sagt Erich, dass er nicht schuld ist. Doch seine Gefühle sind stärker und sprechen ihn schuldig. Das belastet ihn derart, dass er ihr Klagen kaum ertragen kann und nur einen Wunsch hat: Weg von hier, weg von ihr. Aber auch wenn er in die Kneipe oder zu Freunden geht, sein schlechtes Gewissen nimmt er mit. Deshalb ist er schließlich doch zum Lastenausgleich bereit nach dem Motto: „Wenn ich sie schon nicht richtig liebe, muss ich sie zumindest ertragen, sonst … wird sie gehen."

Erich steht beispielhaft für Männer, die sich aufgegeben haben. Im Glauben, zu der geforderten Liebe verpflichtet zu sein, haben sie ihre Freiheit aufgegeben. Die Freiheit, zu fühlen und zu tun, was ihnen entspricht – und zwar unabhängig vom Zustand oder der Zustimmung der Frau. Die Überzeugungen der Angst, verlassen zu werden und allein zu sein, wenn sie nicht erdulden, haben sie dazu gebracht, ihre Freiheit aufzugeben.

Bemühen – die Qual der Frau

Wie groß die Angst der Frau ist, die Liebe des Mannes nicht zu bekommen, können wir am Ausmaß ihres Bemühens und Verzichtens erkennen:

Frau: „*Das Schlimmste ist, wenn ich merke, dass ich mich verliere.*"

Berater: „*Wie geschieht das?*"

Frau: „*Indem ich etwas für ihn mache, was mir eigentlich nicht gefällt.*"

Berater: „*Was machst du für ihn, was dir nicht gefällt?*"

Frau: „*Zum Beispiel wenn ich müde bin und mich doch nicht ins Bett lege, weil er noch nicht da ist. Dann warte ich, bis er kommt, weil ich weiß, wie enttäuscht er ist, wenn ich schon schlafe.*"

Diese Frau tut etwas „für ihn". Sie merkt, dass sie sich im Bemühen um den Partner verliert, aber ihre Angst vor seiner Enttäuschung ist groß. „Wenn ich schon vor ihm einschlafe, enttäusche ich ihn – wenn ich das zu oft tue, will er mich nicht mehr – wenn er mich nicht mehr will, verliere ich seine Liebe."

Am Beispiel von Ruth zeigt sich, was Frauen „für die Liebe" aufgeben. Ruth ist felsenfest davon überzeugt, einen selbstsüchtigen und gewissenlosen Mann zu haben.

„Werner denkt nur an sich. Ich würde gern so viel mit ihm unternehmen, aber er ist kaum interessiert. Das macht mich sehr oft traurig. Dann macht er mir Vorhaltungen oder nimmt mich nicht ernst. Es macht mich rasend, wenn er meinen Arm tätschelt oder mir eines seiner flüchtigen Küsschen verpasst, diese „Nun-lass-mal-gut-sein-Beschwichtigungs-Küsschen", mit denen er mich abwimmeln will. Ich werde dann völlig verzweifelt und weiß nicht, wie ich ihm verständlich machen soll, was ich will."

Sobald Ruth Lust hat etwas zu unternehmen, versucht sie ihren Mann dafür zu interessieren. Da dieser meist eine Abwehrhaltung zeigt („Was soll ich denn jetzt schon wieder tun?"), wird Ruth traurig. In ihrem Erleben ist tatsächlich ihr Mann Verursacher dieser Traurigkeit. Sie glaubt, *„dass er nicht richtig versteht, was ich will – oder mich nicht verstehen will"*. Ihre Versuche, sich verständlich zu machen, bleiben im Kreislauf von Druck und Abwehr stecken. So hatte sie sich ihren Mann und die Beziehung nicht vorgestellt:

Berater: *„Eure Beziehung hat sich nicht so entwickelt, wie du es dir vorgestellt hast?"*

Ruth: *„Natürlich habe ich vor unserer Heirat gemerkt, dass wir verschieden sind. Wir hatten uns ja über ein Jahr gekannt. Aber ich habe geglaubt, das würde sich mit der Zeit ändern."*

Berater: *„Wie sollte das geschehen?"*

Ruth: *„Ich dachte, wenn wir uns Mühe geben, könnten wir die Schwierigkeiten aus dem Weg räumen."*

Berater: *„Wie hast du selbst versucht, das zu tun?"*

Ruth: *„Indem ich in die Beziehung investiert habe. Ich hab' geglaubt, wenn wir es schaffen uns zu ändern, wenn jeder nicht nur an sich denkt, kann es nicht schief gehen."*

Was hat Ruth nicht alles „für ihren Mann" getan. Sie hat sich schön gemacht „für ihn", ihre Freunde und Bekannten aufgegeben „für ihn", ihre Arbeit vernachlässigt „für ihn". Natürlich hat sie Entsprechendes auch von ihm erwartet – dass er sich „für sie ändert". Sie glaubte, wenn sie sich nur genügend darum bemüht und ihre Kraft in die Beziehung „investiert", im Laufe der Zeit zum Mittelpunkt seines Lebens zu werden. Wozu? Um zu bekommen, worauf sie seit den Tagen ihrer Kindheit wartet: die ganze, ungeteilte Aufmerksamkeit und Zuwendung eines Mannes und dadurch die Gewissheit, als Frau wertvoll zu sein.

Seit sie ein Mädchen war, trägt die Frau ein genaues Bild in sich, wie eine Beziehung sein soll und was darin für sie geschehen muss. Zu lange hat sie ihre Hoffnungen und Erwartungen aufgeschoben, zu lange auf die Erlösung ihrer Sehnsüchte gewartet, als dass sie jetzt noch länger warten könnte. Dieser Mann soll „ihr Mann" sein und ihr geben, worauf sie bisher verzichten musste. In ihren Fantasien hat sie Werner zum Erfüller ihrer Wünsche und Sehnsüchte bestimmt und versucht, ihn nach dieser Vorstellung zu formen.

Im Bemühen, ihren Mann zu ändern, ihn zu formen, und in der Hoffnung, von ihm zu bekommen, was sie brauchen, haben sich viele Frauen ganz dem Mann zugewandt. Ihn geheiratet, ihr Leben auf ihn oder die Beziehung eingestellt, ihre Unabhängigkeit nicht nur finanziell aufgegeben. Jetzt erwarten sie, dass der Mann die ihm zugedachte Aufgabe, sie zu lieben, erfüllt, und gebrauchen ihre Kraft, ihn dazu zu zwingen, dazu zu verführen, dahin zu manipulieren. Sie versuchen dies auf zwei unterschiedliche Weisen.

Zum einen ist das Bemühen der Frau positiv auf den Mann gerichtet. „Kann ich noch was für dich tun? Gefalle ich dir so? Soll ich mich ändern? Bin ich dir so recht? Gern warte ich darauf, dass sich etwas ändert! Gern warte ich darauf, dass du mich liebst! Ich weiß doch, wie schwer du es hast! Wenn wir uns nur bemühen, wird es schon klappen!"

Zum anderen ist ihr Bemühen negativ gegen den Mann gerichtet. „Das solltest du nicht tun! Das enttäuscht mich! Das hätte ich nie von dir gedacht! Es ist nicht recht von dir, das zu tun!" Paradox am Bemühen der Frau ist, dass sie eigentlich selbst nicht weiß, worum genau es ihr geht. Was sie genau vom Mann will. Sie will „gesehen werden", „als ganze Person geliebt werden", sein „Ein und Alles sein." Ihre Wünsche sind diffus, ihre Vorstellung unkonkret.

Sie drängt den Mann mit unkonkreten und undifferenzierten Vorstellungen, stellt aber selten konkrete Forderungen, zu denen der Mann Ja oder Nein sagen kann. Sie fordern *„Tu etwas mit mir!"* Und wenn der Mann fragt: *„Was möchtest du denn tun?"*, entrüstet sie sich: *„Wenn du mich lieben würdest, wüsstest du das!"*.

Die Frau weiß nicht, was hinter dem Traum von Aufmerksamkeit und Nähe steckt. Woher sollte sie auch den wahren Charakter ihrer Wünsche kennen? Sie hat sich ja stets am Mann orientiert. Selbst wenn ihr konkrete Bedürfnisse bewusst waren, hat sie diese selten direkt und offen vertreten. Dadurch blieben ihre wirklichen Bedürfnisse undeutlich und unerfüllt.

Wie auch immer, ob sie sich selbst oder den Partner verändern will, jedenfalls zahlen sich die Investitionen der Frau nicht aus. Frauen stellen früher oder später fest: Sie können den Mann nicht ändern. Und sie können auch sich selbst nicht „für die Liebe" ändern, wenn sie sich nicht verlieren wollen, denn sich über den Mann zu definieren bedeutet, sich auf Dauer von ihm abhängig zu machen.

Selbstverleugnung

So geht es den meisten Partnern. Sie geben „für die Beziehung" etwas auf, das ihnen wertvoll war und das sie schließlich vermissen. Dann geben sie die Schuld dafür dem Partner. Doch der kann wirklich nichts dafür. Es sind die eigenen insgeheimen Überzeugungen, es ist die eigene Angst, verlassen zu werden, die ihnen faule Kompromisse aufzwingt und die fragwürdige Bereitschaft der Selbstverleugnung abverlangt.

Aus Angst, die Partnerin würde ihn sonst verlassen, erduldet der Mann ihre Übergriffe und gibt seine Freiheit auf.	Aus Angst, der Partner würde ihr sonst seine Liebe nicht geben, bemüht sich die Frau um ihn und gibt ihre Unabhängigkeit auf.

Erdulden und Bemühen sind Ergebnisse der Angst, den Partner zu verlieren, wenn man sich ihm nicht anpasst.

Wenn Angst die Grundlage dieses Verhaltens in schwierigen Situationen ist, dann bestimmt Angst das Denken, Fühlen und Handeln der Partner an den vielen Punkten, an denen sie – bewusst oder unbewusst – fürchten, den anderen zu verlieren. Dann motiviert Angst vor Einsamkeit den Kampf um Liebe.

Liebesbeweise

Angst kann Partner sogar so weit bringen, dass sie in der Bereitschaft, sich aufzugeben, Beweise ihrer Liebe sehen.

Gerhard und Christine sind nach fünfzehn, mitunter von langen und schwierigen Auseinandersetzungen begleiteten, gemeinsam verbrachten Jahren immer noch davon überzeugt, den Partner zu lieben. Sie fühlen sich aber vom Partner nicht entsprechend geliebt. Die Frage, woran der andere ihre Liebe denn erkennen könnte, beantworten sie im Brustton der Überzeugung folgendermaßen:

„Daran, dass ich nach fünfzehn Jahren und all dem Streit immer noch bei dir bin!“	*„Daran, wie viel Energie ich in unsere Beziehung steckte, damit sie wieder etwas wird!“*

Die Antwort des einen empört den anderen Partner. Daran soll er Liebe erkennen? Aber es stimmt:

Durch sein Aushalten einer oft unerträglichen Situation, und dadurch, dass er – obwohl er leidet – bleibt, zeigt der Mann sein Interesse am Erhalt der Beziehung.

Durch ihr liebevolles oder verzweifeltes Bemühen, durch ihr Bohren und Drängen und ihre Bereitschaft, zu warten, zeigt die Frau ihr Interesse an der Fortführung der Beziehung.

Mit der Fähigkeit, „für die Liebe" zu leiden, wollen Partner ihre Liebe beweisen. Mit der Fähigkeit, sich „für die Liebe" aufzugeben, wollen sie den Partner halten.

Doch die Fähigkeiten des Erduldens und Bemühens gehören nicht zum Wesen der Liebe. Sie gehören zu einer Liebe im Kontext von *Enge* und *Mangel*.

Sich aufzugeben erweist sich im Laufe der Partnerschaft als schlechter Tauschhandel. Die Kalkulation „Liebe durch Anpassung" geht nicht auf. Vielmehr fügen sich die Partner tiefe Wunden zu.

Gegenseitige Verletzungen

Ihren Kampf um Freiheit respektive Nähe führen die Partner auf unterschiedliche Weise. Jeder kämpft mit seinen Waffen und Fähigkeiten. Er kämpft wie ein Mann, sie kämpft wie eine Frau.

Kämpfen wie ein Mann heißt, hart aufzutreten, Gefühle zu leugnen, den Verstand vorzuschieben, zu argumentieren, sich zu verteidigen, sich zu rechtfertigen, Schmerzen und Traurigkeit zu unterdrücken, kurzum, der gesellschaftlichen Botschaft an den Mann zu folgen: Sei stark!

Kämpfen wie eine Frau heißt, die Kraft ihrer Gefühle einzusetzen, um ihre jeweiligen Ziele zu erreichen. Sei es, einen Mann zu bekommen, ihn zu behalten, ihn zu verändern; kurzum, der gesellschaftlichen Botschaft an die Frau zu folgen: Du musst einen Mann haben!

Im Kampf Ratio gegen Emotion, Verstand gegen Gefühl, fügen sich Männer und Frauen gegenseitig tiefe Wunden zu.

Die Wunden des Mannes

Dietmar liegt im Dauerstreit mit seiner Frau, der sich seit Elkes Drohung, ihn endgültig zu verlassen, zugespitzt hat. Elke weiß sich nicht anders zu helfen. Nachdem alle Versuche des Empfindsamkeitstests und alles Warten und Gedulden nichts genutzt haben, setzt sie ihm „das Messer auf die Brust". Die Drohung, ihn zu verlassen, bewirkt zumindest, dass Dietmar in die Beratung geht, wo er von seinen Gefühlen erzählt:

„Ich fühle mich irgendwie gespalten. Mein Empfinden teilt sich in Tag- und Nachtgefühle auf. Wenn sie tagsüber vor mir steht und mir droht zu gehen, reagiere ich nicht drauf. Oder ich entgegne ihr kühl, es wäre ihre Entscheidung und nicht meine. Aber nachts liege ich dann im Bett und wälze mich herum. Ich muss ständig an ihre Drohung denken und finde keinen Schlaf."

Berater: *„Dir machen diese Drohungen etwas aus!"*

Dietmar: *„Irgendwie schon. Es trifft mich."*

Berater: *„Wo in deinem Körper trifft es dich?"*

Dietmar: *(schließt die Augen, legt die Hand auf die Brust) „Es fühlt sich an wie ein Stich hier."*

Berater: *„Ein Stich womit?"*

Dietmar: *„Wie mit einem Messer."*

Dietmar erlaubt sich zu spüren, wie verletzt er ist. Er nimmt er Kontakt zu seinem Herzen auf und spürt die Traurigkeit und Schwere dort, wo Elke ihm tatsächlich „das Messer auf die Brust gesetzt" und in „sein Herz gebohrt" hat. Er verschließt sein Herz, um den Schmerz nicht zu fühlen.

Er kämpft „wie ein Mann". Tagsüber, wenn er wach ist, lässt Dietmar die Drohungen seiner Frau nicht an sich herankommen, lässt die Gefühle seiner Frau an sich abprallen.

Nachts aber, wenn seine Kontrolle, seine Abwehr, nachlässt, steigen die verdrängten Ängste empor und lassen ihn nicht zur Ruhe kommen. Auch wenn er lieber „stark" wäre oder erscheinen würde, er ist auch empfindsam.

Ein Mann hat im Allgemeinen so wenig Kontakt zu seinem Herzen, dass er oft nicht spürt, ob, wann und wodurch er verletzt wird, wie wir an Helmut sehen können.

Helmut lebt seit drei Jahren mit seiner Freundin zusammen. Bald nachdem er Regina kennengelernt hat, wird sie schwanger. Da beide das Kind wollen, beziehen sie eine gemeinsame Wohnung. Die folgenden Monate werden eine Zeit großer Belastung. Das Paar ist durch die neue Situation verunsichert, und Regina ist aufgrund der Schwangerschaft besonders empfindlich. Sie beansprucht die Aufmerksamkeit ihres Freundes oft über dessen Kräfte hinaus. Helmut fühlt sich überlastet. Er nimmt das zwar wahr, stellt seine Bedürfnisse aber zurück:

„Ich habe ihr eine Art Schwangerschaftsbonus gegeben. Manchmal war sie so verzweifelt, dass sie auf mich eingeschlagen hat. Ich habe mir gesagt, das muss an der Schwangerschaft liegen, und es mehr oder weniger ertragen. Auf jeden Fall wollte ich es ihr nicht übel nehmen. Als das Kind da war, wurde ein Kleinkindbonus daraus. Irgendwann habe ich dann gemerkt, dass ich ganz verschlossen für Regina bin. Ich habe mich emotional weit von ihr entfernt."

Berater: *„Wie weißt du, dass du dich entfernt hast?"*

Helmut: *„Ich fühle nichts mehr für sie. Es fühlt sich betäubt an." (berührt seine Brust).*

Warum zeigt dieser Mann seine Verletzung nicht? Weil er sie selbst gar nicht wahrnimmt und dem Gefühl der Belastung keine Bedeutung zumisst. Es dauert fast zwei Jahre, bis er in der Taubheit seiner Brust die Folgen ihres „Terrors" und seines Erduldens entdeckt.

Der Mann spürt die Angriffe der Frau im Herzen, weil sich

ihre Angriffe dorthin richten. Ihre Waffen treffen ihn wie Stiche, wie Messer in die Brust; oder aber als das schleichende, zersetzende Gift ihres Bohrens und Nörgelns. Der „Terror" ihrer Gefühle, ihre Enttäuschung, wenn ihr Idealbild vom Mann zerbricht, ihr Hass, wenn er sich ihren Erwartungen verweigert, ihre Wut, ihre Schuldzuweisungen, haben seine Liebe durchlöchert und zersetzt, sein Herz angegriffen und belastet. Die Folgen dieser Angriffe spürt der Mann als Enge der Brust, als Ring um die Brust, als Atemnot, als Taubheit und Stumpfheit des Herzens.

Frauen können sich kaum vorstellen, wie empfindsam Männer in Bezug auf ihr Herz sind. Sie sind im Gegenteil davon überzeugt, sie müssten die Abwehr des Mannes knacken. Wie Einbrecher einen Tresor aufschweißen, verätzen oder sprengen, um an die wertvollen Dinge heranzukommen, versuchen Frauen, an die wertvollen Gefühle des Mannes zu gelangen: mit Ausdauer und notfalls mit Gewalt.

Auch wenn er es nicht bemerkt oder nicht zeigen kann: Der Mann nimmt sich die Vorgänge im Kampf um Liebe sehr zu Herzen. Die Drohung, ihn zu verlassen, die ausgesprochen oder unausgesprochen bei vielen Konflikten im Raum steht,, ist eines der schwersten Geschütze der Frau. Sie wird nur von einer weiteren Drohung übertroffen: der Drohung, ihn durch Selbstmord zu verlassen (Wenn du mich nicht liebst, hat das Leben keinen Sinn für mich) und sich „seinetwegen" umzubringen.

Verlassen werden bedeutet für den Mann nicht nur, in seiner Aufgabe die Frau zu lieben, versagt zu haben. Zugleich mit der Frau verliert er auch die Möglichkeit, Zugang zu den weichen Gefühlen der Liebe zu haben, denn ohne Frau ist er in der gefühlsarmen Männerwelt isoliert.

Die Wunden der Frau

Auch die Frau wird im Kampf der Geschlechter verletzt. Ingrid kommt in die Beratung, weil sie in ihrer Beziehung zu

Manfred „nicht mehr weiß, woran ich bin." Sie ist Opfer der Ja/Nein–Falle geworden und „hängt in der Luft:"

„Es ist zum Verrücktwerden. Ich muss erahnen und erdeuten, was in ihm vorgeht. Ich weiß nie, warum er gerade eingeschnappt ist. Ob ich ihm etwas angetan habe, oder warum er gerade mufflig ist. Vor allem, wenn es mir nicht gut geht, weicht er mir aus. Das ist besonders schlimm für mich. Da fühle ich mich gerade dann weggestoßen, wenn ich ihn bräuchte."

Ingrid will wissen, woran sie mit Manfred ist, ob er sie noch liebt oder nicht. Wozu ist das wichtig?

Berater: *„Was ist, wenn er dich nicht mehr liebt?"*

Ingrid: *„Dann weiß ich, woran ich bin."*

Berater: *„Was ist anders, wenn du das weißt?"*

Ingrid: *„Dann kann ich gehen."*

Dann könnte sie gehen. Dann würde sie sich nicht mehr um seine Liebe bemühen müssen, weil es offensichtlich sinnlos wäre. Ingrid kämpft gegen die Mauer seines Schweigens. Schweigen ist das Schlimmste, was Manfred ihr in dieser Situation antun kann, denn damit lässt er jede Deutlichkeit vermissen. Ingrid hat kaum eine Möglichkeit, sein Verhalten zu erklären. Sie kann seine Reaktion letztlich nur auf sich selbst beziehen, wenn sie ihren Mann nicht für gestört erklären will. Sie kann sein Verhalten nur durch ihren Mangel-Kontext deuten[6], denn nur in diesem Zusammenhang ergibt es einen Sinn: „Ich muss etwas falsch gemacht haben! Bin ich falsch? Stimmt etwas mit mir nicht? Soll ich was anderes tun?"

Das Schweigen des Mannes, sein Reden, ohne etwas zu sagen, die Blockade seines Hirns gegen ihre Gefühle verletzen die Frau, jetzt wird sie orientierungslos. Ohne Orientierung zu sein heißt, ohne Informationen über den eigenen Wert (für den Partner) zu sein, heißt, den eigenen Wert (für den Partner) nicht bestimmen zu können, heißt letztlich, den eigenen Wert (als Frau) nicht bestimmen zu können.

Die fehlende Orientierung an der Aufmerksamkeit des Vaters und die fehlende positive Identifikation mit der Mutter bescherte dem Mädchen ein labiles Selbstwertgefühl und damit eine große Unsicherheit. Für die Frau kommt hinzu, dass ihr selbst die letzte mögliche Sicherheit, die Gewissheit, dass der Mann sie *nicht* liebt, verschleiert bleibt. Könnte sie sich sicher sein, dass er nicht mehr an ihr interessiert ist, könnte die Frau ihr Warten und ihre Bemühungen aufgeben und ihn verlassen.

Im Hin und Her der Ja/Nein-Falle gefangen, vor der verschlossenen Tür seines Herzens stehend, wird die Frau ohnmächtig, wird zur Frau ohne Macht. Ohne Macht kann sie nichts machen, kann sie nicht handeln. Sie fühlt sich ausgeliefert und kraftlos, ohne Mitte.

Der Bauch ist das Zentrum unserer Kraft, unsere Mitte. In seiner körperlichen Funktion der Verdauung gibt er uns Kraft und Stärke, uns zu bewegen, aktiv zu sein, zu leben. In seiner psychischen Funktion gibt er uns die Stärke der Selbstbehauptung und Unabhängigkeit.

Die Frau spürt die Wunden des Kampfes an ihrer Orientierungslosigkeit, Haltlosigkeit, Ungewissheit und Erschöpfung. Sie fühlt sie als Wut, Verzweiflung, Hilflosigkeit und Ohnmacht, als das Gefühl, in der Luft zu hängen, den Boden unter den Füßen zu verlieren, hängen gelassen zu werden. Die körperlichen Schmerzen des Eindrucks, nicht geliebt zu werden, machen sich als Loch im Bauch und als das Gefühl, die eigene Mitte verloren zu haben, bemerkbar.

Herz und Bauch sind verwundbare, sensible Bereiche. Sie verdienen unseren Schutz, gerade weil sie durch die Vorgänge der Kindheit zu Schwachpunkten wurden. Mann und Frau ahnen nicht, dass der andere gerade dort, wo sie selbst stark sind, schwach ist. Deshalb ist ihnen meist nicht bewusst, wie sehr sie sich im Kampf um Liebe verletzen.

Die Träume von Mann und Frau

Die vertrackte Situation, die aus der Enge/Mangel-Wahrnehmung entsteht, ist nun ausreichend deutlich beschrieben. Kommen wir zu den „Lösungen". Diese sind in den Träumen von Mann und Frau zu finden. Solche Träume haben, das habe ich in meinen Buch *Lebe deine Träume* ausführlich dargestellt, wenig mit der Zukunft, aber viel mit der Gegenwart zu tun, aus der sie entstehen. So verhält es sich auch hier.

Der Traum des Mannes von Freiheit

Der Mann will Freiheit. Freiheit ist sein großer Traum. Jede Frau kann ein Lied davon singen. Freiheit ist die am wenigsten verstandene Sehnsucht des Mannes. Was bedeutet Freiheit für ihn? Was verbindet er mit diesem Begriff?

Erinnern wir uns an die Männerrunde beim weiter vorn geschilderten Partnerschaftsseminar. Bei allen Männern wurde ein gemeinsamer Wunsch deutlich – der Wunsch nach Abstand von der Frau. Denn *„Wenn sie nicht da wäre, könnten wir unseren Wünschen nachgehen."*

Der Mann sehnst sich nach Freiheit, weil er in der Nähe zur Frau seine Bedürfnisse zurückstellt. Er setzt Freiheit mit Distanz zur Frau gleich. „Wenn ich allein wäre, wenn SIE nicht da wäre, dann könnte ich meinen Wünschen folgen".

Für ihn sieht es folgendermaßen aus: Weil sie da ist, weil er sich um sie kümmern muss und sich ihr verpflichtet fühlt, glaubt er, SIE schränkt ihn ein. Also muss er fort von ihr, um sich seinen Wünschen zuwenden zu können.

Berater: *„Wieso hältst du es manchmal nicht bei ihr aus?"*

Robert: *„Es ist das Gefühl, dass ich nicht wirklich tun kann, was ich will. Ich fühl mich unfrei bei ihr."*

Berater: *„Wann könntest du dich denn frei fühlen?"*

Robert:	*„Wenn ich bei ihr alles fühlen darf und auch mit ihr drüber reden kann."*
Berater:	*„Worüber würdest du gerne mit ihr reden kön-nen?"*
Robert:	*„Über meine Wünsche. Zum Beispiel darüber, was mich sonst noch interessiert, außer mit ihr zusammen zu sein."*

Würde Robert so offen seiner Freundin mitteilen, was ihn noch interessiert „außer mit ihr zusammen zu sein", würde er nicht nur einen Streit riskieren:

„Sie würde die ganze Beziehung infrage stellen. Schließlich hat sie mir schon x-mal damit gedroht, zu gehen. Sie glaubt sofort, wenn ich mal ausgehen will, ich würde was mit anderen Frauen anfangen."

Aus Angst, Robert würde fremdgehen, versucht seine Frau, ihn zu kontrollieren und einzuengen. Aus Angst, ihn zu verlieren, schränkt sie ihn ein. Robert fühlt sich beengt, geht aber einer Auseinandersetzung aus dem Weg und verzichtet so auf die Äußerung und Erfüllung seiner Wünsche. Ein Effekt dieses Schweigens ist, dass sich Spannung in ihm aufstaut. Ein anderer, dass er allmählich seine Wünsche aus den Augen verliert.

Berater:	*„Was geschieht, wenn du dich nicht traust, es zu tun?"*
Robert:	*„Ich werde still, zieh mich zurück. Ich verliere den Kontakt mit ihr und schrumpfe von ihr weg."*
Berater:	*„Und was geschieht mit deinen Wünschen, wenn du nicht darüber redest?"*
Robert:	*„Manche gehen verloren. Oder es entstehen Wünsche, von denen ich nicht weiß, ob ich sie auch hätte, wenn der Druck nicht da wäre."*

Die verdrängten Wünsche blähen sich im Laufe der Zeit zu

großen Fantasien auf, die Robert irgendwann zu einer Überreaktion verleiten. Dann geht er wortlos aus dem Haus, um etwas zu erleben und kehrt erst spät in der Nacht wieder zurück.

Günther ist in einer ähnlichen Situation. Auch er träumt den Traum von der großen, weiten Welt, allerdings schon mit Einschränkungen:

„Es ist ja nicht so, dass ich noch nie ausgebrochen wäre. Ich versuche schon, mir meinen Freiraum zu nehmen, fahre allein weg oder mach ne Tour mit Freunden. Aber oft kann ich nicht so recht 'was damit anfangen. Ich mache dann was, von dem ich geglaubt habe, es müsste spannend sein. Aber es ist langweilig. Ich weiß inzwischen gar nicht, ob ich das, was ich da draußen mache, eigentlich wirklich will. "

Berater: *„Du weißt nicht, ob du die Dinge, die du draußen machst, auch wirklich willst? "*

Günther: *„Ja, ob ich das wirklich will oder ob es nur eine Flucht ist aus der Situation mit Renate".*

Berater: *„Eine Flucht wovor? "*

Günther: *„Davor, dass ich mit Renate nicht klarkomme. Sie sitzt zu Hause und wartet auf mich. Wenn ich dann nach Hause komme, soll ich für sie da sein. "*

Berater: *„Wie fühlst du dich da? "*

Günther: *„Überfallen, gar nicht wahrgenommen, überschüttet. Das gibt immer Ärger und Streit. "*

Berater: *„Du willst vor dem Ärger und dem Streit fliehen? "*

Günther: *„Ja, und vor ihren Planungen. "*

Günthers „Sehnsucht Freiheit" zeigt sich als Wunsch, aus Situationen zu fliehen, mit denen er nicht zurechtkommt. Doch was soll er draußen? Der einzige Vorteil ist, vor ihren Übergriffen sicher zu sein, ist die Tatsache, dass SIE nicht dort ist und er dem Streit und dem Ärger, den Anstrengungen des Abwehrkampfes entgangen ist.

Wie Günthers Beispiel zeigt, haben Männer jedoch selbst dann Probleme, die ersehnte Freiheit zu genießen, wenn sie einmal Abstand herstellen und „in die Welt" ziehen können.

Der Mann hat also grundsätzliche Probleme mit dem Charakter seiner Wünsche. Entweder kennt er seine wahren Wünsche nicht und baut das Luftschloss Freiheit auf, oder aber er kennt seine Bedürfnisse und wagt es nicht, ihnen nachzugehen. Kehren wir zu unserer Männergruppe zurück:

Robert: „Wobei ich ergänzen möchte, dass wir auch rausgefunden haben, wie unglaublich schwer es uns fällt, unsere Wünsche auszusprechen, sie uns überhaupt einzugestehen."

Ansprüche

Frauen können sich das oft nur schwer vorstellen: Der Mann weiß nicht, was er will. Doch er weiß genau, was er soll!

Petra ist sich der Gefühle ihres Mannes unsicher. Hundertmal hat sie versucht, mit ihm über diese Ungewissheit zu sprechen. Hundertmal hat sie keine Antwort bekommen. *„Was empfindest du für mich? Liebst du mich noch?"* Klaus schweigt. Petra gewinnt die Überzeugung, dass ihr Mann nicht ehrlich und offen mit ihr reden will – dass er unehrlich ist, ein Feigling. In der Beratungssituation verändert sich dieser Eindruck:

Petra: *„Wenn du mir nur einmal sagen könntest, was du fühlst! Wenn du mir nur einmal in den letzten Monaten gesagt hättest, dass du mich liebst!"*

Klaus: *(schweigt und blickt zu Boden)*

Berater: *„Klaus, was müsste geschehen, damit du ihr sagen kannst, was du fühlst und ob du sie liebst?"*

Klaus: *„Wenn sie mir zuhören würde und mich verstehen könnte, wenigstens respektieren, was ich* *sage.“*

Petra verspricht, ihn nicht zu unterbrechen.

Klaus: *„Ich kann dir diese Frage nicht beantworten. Ich weiß nicht, ob ich dich liebe. Ich bin mir nicht sicher. Ich könnte dir antworten, wenn ich eine Wahl hätte, aber die habe ich nicht.“*

Berater: *„Welche Wahl hast du nicht?“*

Klaus: *„Zu sagen 'Ich liebe dich nicht' oder 'Ich weiß es nicht' ist doch gar nicht drin. Dann ist der Teufel los. Dann nervst du so lange, bis ich das Gegenteil sage. Aber ich weiß ja selbst nicht, was die richtige Antwort ist.“*

Klaus würde seiner Frau gern antworten, aber er weiß die Antwort selbst nicht. Er kann – wenn er ehrlich sein will – nicht antworten.

Blockiert

Wieso hat er das Gefühl, keine Wahl zu haben? Zum einen, weil er sich vor dem Ausbruch ihrer Gefühle fürchtet, weil sie „ihm die Hölle heißmachen“ würde, sollte er auf ihre Frage mit Nein antworten. Zum anderen, weil er die Antwort auf ihre Frage selbst nicht kennt.

Da er seine Kraft dafür verwendet, seine Frau auf mittleren Abstand zu halten, bekommt er nie die Gelegenheit, sich über seine Gefühle klar zu werden. Da er echten Abstand verhindert, fehlt ihm der Raum, seine Gefühle *für* sie wahrzunehmen. Er nimmt vorrangig Gefühle *gegen* sie wahr. Da er echten Abstand meidet, kann er nie auf seine Frau zugehen, denn auf sie zugehen könnte er nur aus einer Entfernung.

Lange bevor er sein eigenes Bedürfnis nach Nähe wahrnehmen kann, steht sie vor ihm und verlangt: „Sag mir, dass du mich liebst – wenn du mir nur einmal sagen würdest, dass du mich liebst!“ Doch er kann die Antwort auf diese Frage nicht finden, denn diese Antwort liegt in seinem Inneren versteckt. Er aber schaut nach außen, auf die fordernde Frau, vor deren Angriffen er sich fürchtet. So entgleitet ihm die innere Wahrheit.

Nur wenige Frauen können sich vorstellen oder nachvollziehen, wie blockiert der Mann unter Druck und Zwang ist. Wie sehr er sich dann verschließt. Wie viel Zeit und Abstand er braucht, um Kontakt zu seinem Herzen aufzunehmen. Und wie viel mehr Zeit er braucht, sein Herz wieder zu öffnen, wenn es einmal verschlossen war.

Ausbruch

Der Mann versucht, der Idealvorstellung des allzeit liebenden und für das Glück seiner Frau verantwortlichen Mannes gerecht zu werden. Doch irgendwann hält er diesem Druck nicht mehr stand. Dann will er fort. Er will ausbrechen. Es kommt der Punkt, da muss er wie unter einem Zwang ausprobieren, ob er noch von ihr loskommen kann.

Friedrich: „Es gibt immer wieder diese Situation, dass ich fremdgehe. Dabei ist es nicht einmal besonders toll. Es ist mehr wie ein Zwang. Ich muss mir beweisen, dass ich ihr nicht gehöre, dass ich frei bin. Eigentlich fühle ich mich dabei nicht besonders wohl. Es bleibt immer ein Katzenjammer, ein schlechtes Gewissen und die Angst, sie könnte es erfahren.“

Dieser Mann geht nicht fremd, weil es ihn zu einer anderen Frau hinzieht, weil er eine andere Frau liebt. Er geht fremd, um sich zu beweisen, dass er sich selbst gehört. Es ist sein Versuch, dem Gefühl der Enge zu entkommen und sich Raum zu verschaffen. Was er in dieser „Freiheit" findet, ist jedoch nicht das, wonach er gesucht hat. Er findet zweifelhaftes Vergnügen, das von einem schlechten Gewissen getrübt ist, und eine vorübergehende, fragwürdige äußere Freiheit.

Die Sehnsucht nach Freiheit kann schließlich so stark und

der Druck der Enge so groß werden, dass der Mann irgendwann eine Trennung dem endlosen Kampf vorzieht. Im Abwehrkampf gefangen, scheint eine Trennung die einzig mögliche Alternative zu sein, um der Schlacht, ihren Anstrengungen und Verwundungen zu entkommen und der Verwirklichung seines Traumes von Freiheit näherzukommen.

Trennung

Oft scheint eine Trennung der einzige Weg ins Paradies zu sein. Roland und seine Frau kamen in die Beratung, weil er seine Frau verlassen wollte und nicht den Mut dazu fand.

„Ich möchte mich von Lisa trennen, aber es geht nicht, *weil sie so abhängig von mir ist*", war seine feste Überzeugung zu Beginn der Beratung. Er beschrieb sich als starken, unabhängigen Mann und seine Frau als schwaches, abhängiges Wesen. Er glaubte tatsächlich, sein Edelmut würde ihn hindern, dem Ruf seiner Träume zu folgen und dieses schwache Wesen „sitzen zu lassen".

Schließlich trafen er und Lisa eine Vereinbarung, mit der die weitere Zerstörung der Beziehung verhindert werden sollte. Sie trennten sich für drei Monate. Im Laufe dieser Zeit entdeckte Roland, was ihn wirklich bei seiner Frau bleiben ließ:

„Ich glaube, meine Gefühle für Lisa waren überschattet. Ich habe nur noch die Lisa vor mir gesehen, die mir zusetzte und drohte. Ihr Satz, 'Nur über meine Leiche' hat mich fertig gemacht, weil ich befürchtete, sie tut sich etwas an, wenn ich gehe. Ich hab immer diese Träume gehabt, wie schön es sein muss, frei zu sein. Erst als wir dann wirklich für ein paar Monate getrennt waren, hab ich gemerkt, welche Vertrautheit und Nähe wir miteinander hatten und wie wichtig das auch für mich ist. Ich hatte es mir nicht vorstellen können, aber ich habe sie sehr vermisst."

Rolands Situation und Verhalten ist charakteristisch für viele Männer. Seine eigene Angst vor Einsamkeit und sein

Bedürfnis nach Nähe waren ihm nicht bewusst. Er hat sich vielmehr über Lisas Abhängigkeit von ihm beschwert. Die Trennung hat ihm gezeigt: Auch er braucht und liebt seine Frau, auch er braucht Nähe. Doch er konnte das weder sich noch seiner Frau eingestehen, aus dem einfachen Grund, weil er es nicht wusste. Erst durch die vorübergehende Trennung wurde es ihm bewusst und er kehrte zu seiner Frau zurück.

Jetzt, nachdem er eine Zeit lang von ihr getrennt war, empfin-det er den Entschluss, wieder mit ihr zusammenzuleben, als Ausdruck seines eigenen Willens und Wollens. Jetzt erst hat er die Entscheidung für die Beziehung als seine eigene und freiwillige Entscheidung erlebt.

Durch die Trennung hofft der Mann, dem Paradies der Freiheit nahezukommen. So trennt er sich, oft im kleinen, manchmal im großen Stil. Im kleinen Stil, indem er sich zurückzieht und einmauert. Im großen Stil, indem er die Beziehung abbricht. Nicht selten entpuppt sich das Paradies seiner Träume jedoch als ein leerer Ort, wie die Zeilen zeigen, die ein Mann nach der Trennung schrieb:

Rudolf: „Ich habe sie in den letzten Jahren nur hassen können, weil sie mich nie in Ruhe ließ. Dabei habe ich nie gemerkt, dass ich sie auch liebe, dass ich auch ein Herz für sie habe.“

Es scheint paradox, dass auch dieser Mann erst in die Wüste der Einsamkeit (der vermeintlichen Freiheit) gehen musste, um schließlich das zu finden, was seine Frau von ihm erwartete: seine Gefühle für sie und seine Liebe zu ihr. Und doch blieb ihm keine andere Möglichkeit, diese Liebe zu entdecken, als aus der Entfernung.

Sich selbst fühlen

Der Mann fühlt sich getrieben und es treibt ihn mit Gewalt fort aus der Enge, hin zur Weite. Dorthin, wo Platz ist. Dorthin, wo er frei atmen kann. Dorthin, wo kein Zwang und kein Druck auf ihm lastet. Dorthin, wo er mit sich selbst sein kann. Wozu? Was kann er dort, in der Weite, das er in der Enge nicht kann? Er kann mit sich selbst sein, er kann sich fühlen! Das ist das Geheimnis des Traumes von der Freiheit.

Der Mann will Freiheit, will Abstand, um sich selbst zu spüren, um herauszufinden, was er – unabhängig von Forderungen und Pflichten – fühlt und will.

Wenn er Distanz zur Frau herstellen kann, findet der Mann seinen wahren, wirklichen, tiefsten Wunsch: eine Frau zu lieben. Allerdings – sie zu lieben in einem Klima von Freiheit und Freiwilligkeit.

Der Traum der Frau von Nähe

Erinnern wir uns an die Frauen aus der weiter vorn beschriebenen Frauenrunde. Im Gegensatz zum Mann wollten sie nicht weg vom Partner. Die Richtung ihrer Bemühungen zeigte vielmehr zum Mann hin.

Frauen wollen Nähe, wollen in Verbindung treten. Im Konfliktfall suchen sie nicht das Weite, sie suchen das Gespräch. Sie sind bereit, sich darum zu bemühen und sich dafür anzustrengen, dass Verbindung geschieht. Im Empfindsamkeitstest steigert sich ihr Bemühen sogar bis zum Versuch, die harte Schale der männlichen Abwehr aufzubrechen.

Im Traum von Nähe dreht sich alles um den Mann. Zu lange hat die Frau auf die Erfüllung dieser Träume gewartet.

In den Jahren ihrer Kindheit, die von Mangel und der Sehnsucht nach dem Vater bestimmt waren, hat die Frau ein Bild vom Mann aufgebaut. Das Bild vom Prinzen, vom „Richtigen", der sie aus ihrer emotionalen Vernachlässigung erlösen soll. „Wenn ich erst mal eine Frau bin, wird er kommen." Wenn dann ein Mann kommt, will sie ihn „ganz", um selbst ganz zu werden. Dann soll er die emotionale Leere in ihr ausfüllen, soll ganz für sie da sein, soll ihre Sehnsucht stillen.

Viele Frauen kämpfen mit erheblicher Kraft um die Verwirklichung dieses Traumes. Ingrid ist eine Frau mit besonders hohen Erwartungen an ihre Beziehung und ihren Mann. Sie kommt in die Beratung, weil nach sechs Jahren zum ersten Mal „die Beziehung nicht funktioniert", es mangelt an Sex. Als ich nach ihren Kriterien für eine funktionierende Beziehung frage, zählt sie eine Reihe von Vorstellungen auf. Sie will:

- den Mann lieben,
- guten Sex mit ihm haben,
- zusammen mit ihm wohnen,
- Kinder mit ihm haben,
- gemeinsam mit ihm arbeiten,
- weltanschaulich mit ihm übereinstimmen,
- mit ihm gemeinsam die Freizeit verbringen.

Sieben Bedingungen für Liebe und Partnerschaft, sieben Kriterien, an denen Ingrid beurteilt, ob ihre Beziehung „funktioniert". Ich bin sicher, dass viele Paare zufrieden wären, wenn vier oder fünf von Ingrids Kriterien in der Realität ihrer Beziehung erfüllt wären. Ingrid genügt es, wenn *eine* Bedingung nicht erfüllt ist, um die ganze Beziehung infrage zu stellen.

Die Frau konzentriert sich auf die Verbindung zum Mann. Wozu ist diese Verbindung so wichtig? Was sucht sie darin? Sucht sie den Austausch von Liebe oder steht hinter dem Wunsch nach Liebe ein anderer, ihr verborgener Wunsch?

Sabine: „Wir hatten schon länger keine richtige Verbindung mehr, auch nicht im Bett. Schließlich hielt ich es nicht länger aus und bin zu ihm. Ich wollte endlich wissen, was mit uns ist. Ich bin ziemlich massiv geworden und hart an ihn rangegangen. Ich habe getobt, ihn beschimpft und auch gedroht, ihn zu verlassen. Schließlich standen ihm Tränen in den Augen. Wie ich ihn so sah, irgendwie hilflos, eine Träne lief ihm runter, da hat sich was verändert. Ich hatte nicht mehr das Gefühl, gegen eine Wand zu reden. Das hat genügt, da war es gut. Da hab ich ihn gespürt. Es ging mir plötzlich viel besser."

Ein typisches Beispiel aus dem weiten Feld des Empfindsamkeitstests. Sabines Ziel war es, ihren Freund zu spüren, und schließlich erreicht sie es, wenn auch auf eine aggressive und destruktive Weise. Was passierte in dem Augenblick, in dem sie seine Tränen sah? Sie beruhigte sich, „da war es gut".

Kein Wort der Liebe war gefallen, er hat ihr nichts gegeben, war nicht zärtlich zu ihr. Aber Sabine ist beruhigt, denn seine Tränen haben ihr doch etwas gegeben: die Gewissheit, dass er Gefühle für sie hat, dass sie ihm etwas bedeutet.

Berater:	*„Du weißt jetzt, dass du ihm etwas bedeutest?"*
Sabine:	*„Ja, dass ich ihm nicht egal bin, dass ich ihm wichtig bin."*
Berater:	*„Was gibt es dir, wenn du ihm wichtig bist?"*
Sabine:	*„Das Gefühl, dass ich wichtig bin. Dass ich etwas wert bin."*
Berater:	*„Wenn er nicht auf dich eingeht, dann hast du das Gefühl, nichts wert zu sein?"*
Sabine:	*„Ich bin schon was wert ohne ihn. Aber ich fühle mich als Frau abgelehnt."*
Berater:	*„Woran merkst du, dass du als Frau wertvoll bist?"*
Sabine:	*„Dass er mich will. Dass er mich anschaut. Dass er mir nahe ist und ich ihn fühlen kann, auch seinen Körper."*
Berater:	*„Was ist mit dir, wenn das alles so ist?"*
Sabine:	*„Dann fühle ich mich ruhig, fühle ich mich sicher."*

Das war, was Sabine suchte: emotionale Sicherheit. Wenn er sie liebt, fühlt sie sich sicher. Diese Sicherheit findet sie in seiner emotionalen Zuwendung, in seiner Aufmerksamkeit, in seinem Begehren und nicht zuletzt im körperlichen Kontakt mit ihm. All dies ist mit Nähe verbunden.

Die Frau will das Gefühl haben, für den Mann wichtig zu sein. Dieses Gefühl entsteht, wenn der Mann etwas für sie tut oder sagt: „Ich liebe dich". Er soll zärtlich sein, er soll aufmerksam sein, er soll sich ihr zuwenden.

> Im Bemühen um seine Liebe und im Empfindsamkeitstest bemüht sich die Frau um Sicherheit. Die Sicherheit weiblicher Identität. Die Sicherheit, bedeutend und wertvoll zu sein – und zwar als Frau.

Stephanie hatte mit ihrem Freund eine zweijährige Beziehung, die endete, als sich Peter endgültig einer Frau zuwandte, mit der er schon seit Monaten Kontakt hielt. Stephanie ist „völlig fertig" und gerät in eine tiefe Depression. Erschwerend kommt hinzu, dass sie Peter am Arbeitsplatz regelmäßig sieht. Das macht es noch schwerer für sie, denn im Grunde möchte sie noch immer mit ihm zusammen sein.

„Ich kann nicht mal wütend werden, ich liebe ihn einfach zu sehr. Wenn ich wütend sein könnte, ginge es mir vielleicht besser. Aber ich kann einfach nichts gegen ihn machen. Das wäre so, als ob ich was gegen mich selbst mache. Es fühlt sich an, als ob er ein Teil von mir ist. Ich kann ihm nichts antun. "

Stephanie beschreibt, was in ihrem Inneren passiert: *„Es fühlt sich an, als ob eine Hälfte von mir ausgelaufen wäre, seit er fort ist. Als ob alle Kraft aus mir rausgeflossen wäre. Ich bin nur noch halb da, und halb bin ich leer. Es kommt mir alles so sinnlos vor. "*

Peter war der erste Mann ihres erwachsenen Lebens, dem sie sich geöffnet hatte. Er war der erste Mann, der sie mit den „Augen des Begehrens" ansah und dadurch ihre Weiblichkeit bestätigte. Durch sein Begehren wurde sie „ganz", durch seine Zuwendung füllte sich die Leere, die sie seit den Tagen ihrer Kindheit in sich trug. Durch die Zuwendung des

Mannes hat Stephanie eine bis dahin leere Hälfte von sich aufgefüllt, denn als er sie verließ, „lief sie aus". Plötzlich ist da eine Leere, die ihr vor der Beziehung gar nicht bewusst war und die ihr Leben jetzt unerträglich und sinnlos scheinen lässt.

Stephanie ist in ihrem Alltag eine extrem selbstbewusste und selbstständige Frau, die immer bestens allein zurecht- kam. Schon im Alter von sechs Jahren lebte sie manchmal eine Woche allein, wenn ihre Mutter verreist war, und ver- sorgte sich selbst. Ihr Vater war im Krieg gefallen. Stephanie erinnert sich, als Kind oft auf seine Rückkehr gewartet zu haben. Doch das geschah nicht. Sie lernte, ihre Sehnsüchte zu verdrängen und sich auf sich selbst zu besinnen.

Materiell und beruflich ist Stephanie vollkommen unabhän- gig, als sie einen Mann trifft, der die alte Wunde „Sehn- sucht" in ihr aufreißt. Als er sie verlässt, bricht Stephanie zu- sammen. Sie kann die unerwartet gefundene Sicherheit einer weiblichen Identität nicht unabhängig von seiner Zuwen- dung aufrechterhalten. Es scheint, als ob sie mit ihm auch ihre Kraft verloren hätte. Sie träumt davon, wochenlang nur zu schlafen um „endlich Ruhe zu haben" vor den Schmerzen des Verlassenseins.

An Stephanies Beispiel wird deutlich, dass es ihr erst in zweiter Linie um den Austausch von Liebe geht. Wichtiger ist, was durch Peters Zuwendung in ihr geschehen war und worauf sie jetzt verzichten muss: die emotionale Sicherheit, eine Frau zu sein und als Frau ganz und wertvoll zu sein, kurzum: ihre weibliche Identität.

Doch wenn die Aufmerksamkeit des Mannes nachlässt, droht der Frau der Verlust einer Kraft, die sie sicher zu ha- ben glaubte – die Kraft ihrer geschlechtlichen Identität. Hier besteht ein Unterschied zur Reaktion des Mannes, der – wenn er verlassen wird – sich als Mensch infrage stellen kann, dessen Identität als Mann jedoch nicht in diesem Maße ins Wanken gerät.

Wenn der Mann geht, bedeutet dieser Verlust für die Frau mehr als den Verlust eines Mannes. Sein Gehen und sein Fliehen bedeuten den Verlust eines wesentlichen Teiles ihres Selbstwertgefühls.

> Darin liegt das Geheimnis hinter dem Wunsch nach Nähe. Die Frau sucht nicht bloß Nähe. In der Nähe will sie ihre geschlechtliche Identität finden.

Ihr Versuch, als erwachsene Frau ihre Identität in der Zuwendung des Mannes zu finden, den Beweis des eigenen Wertes in seiner Liebe zu erkennen, hat aber einen entscheidenden Nachteil: Solange sie ihre Sicherheit bzw. ihre Identität an die Zuwendung eines Mannes knüpft, befindet die Frau sich in Abhängigkeit. Solange sie glaubt, Liebe und Aufmerksamkeit vom Mann fordern zu müssen, um sich als Frau fühlen zu können, erlebt sie Liebe im Kontext der Abhängigkeit.

Liebe auf dem Hintergrund von Unabhängigkeit

Im Kampf um Liebe stellen die Partner zwei Forderungen aneinander. Zum einen fordern sie Liebe. Zum anderen fordern sie Freiheit respektive Nähe (Sicherheit). Man muss fragen:

Was für eine Freiheit soll das sein, die einem von jemand anderem gegeben wird?

Was für eine Sicherheit soll das sein, die von jemand anderem abhängt?

Freiheit und Sicherheit, die von anderen abhängen, können nicht wirksam Freiheit und Sicherheit sein. Wirksame Freiheit und wirksame Sicherheit kann der andere nicht geben, die kann man nur selbst haben.

Solange Menschen überzeugt sind, außer Liebe könnten sie vom anderen auch Freiheit und Sicherheit erhalten, erleben sie Liebe im Kontext von Abhängigkeit.

Die Partner fordern etwas vom anderen, das dieser nicht geben kann, weil es nicht in seiner Macht liegt, es zu geben.

Männer wünschen sich unabhängigere Frauen, die nicht zu viel von ihnen erwarten.

Frauen wünschen sich Männer, die den Mut zum Fühlen und zur Auseinandersetzung haben.

Es wäre schön, wenn der Partner ganz von allein diesen Weg einschlagen würde. Dann brauchte man sich nicht mit sich selbst zu befassen. Wenn der andere geben würde, was man erwartet, brauchte man auch keine Angst zu haben. Ja, wenn der Partner sich ändern würde, …

Darauf, dass der andere sich ändert, warten Partner. Manchmal ein halbes, manchmal ein ganzes Leben lang. Doch der Partner wartet auch. So wartet jeder auf den anderen. Es kann sich nichts bewegen. Irgendjemand muss den ersten Schritt machen.

Männer beklagen sich über abhängige Frauen. Aber: Wie abhängig muss ein Mann sein, um mit unsicheren Frauen zu leben?

Frauen beklagen sich über ängstliche Männer. Aber: Wie ängstlich muss eine Frau sein, um bei ängstlichen Männern Sicherheit zu suchen?

Keiner will sich an die eigene Nase fassen Der andere ist schuld. Diese Sichtweise ist zwar einfach, aber wenig hilfreich.

Die Wahrheit ist, dass der Mann innerlich nicht frei ist. Wäre das, könnte keine Frau ihn bedrängen.

Die Wahrheit ist, dass die Frau selbstunsicher ist. Wäre sie sich selbst Wert genug, könnte kein Mann sie verunsichern.

Wenn … der Mann frei und die Frau in sich selbst sicher wäre …, wenn sie nicht solche Angst hätten …, wenn sie sich nicht so sehr brauchten, dass sie sich füreinander, „für die Liebe" aufgeben müssten … – wie sähe dann ihre Beziehung aus?

Nicht so sehr brauchen

Die Schlüsselfragen, die ich an diesem Punkt vielen Partner gestellt habe, lauten: „Was möchtest du eigentlich am liebsten tun? Wie würdest du *lieber* reagieren, als zu erdulden oder dich zu bemühen?" Was würdest du tun, wenn du den anderen nicht so sehr brauchtest?

„Ich würde dafür sorgen, dass sie aufhört, mich zu beschuldigen und niederzumachen."

„Ich würde ihn stehen lassen und weggehen. Mich mehr um mich kümmern."

Am liebsten würden Partner … nicht erdulden und leiden,

sich nicht bemühen und leiden, nicht warten und leiden. Am liebsten würden sie das genaue Gegenteil von dem machen, was sie tun. Sie haben nämlich Lust auf etwas ganz anderes …

Lust

Die Frage „Was würdest du lieber tun?" ist die Frage nach der Lust der Partner. Wann immer ich diese Frage stelle, sind Mann und Frau erst einmal verwirrt. Lust? Da ist keine Lust, da ist nur Unlust, Ärger, Angst – glauben sie.

Wenn ich jetzt und im Weiteren von *Lust* spreche, ist damit nicht sexuelle Lust gemeint. Lust in diesem Zusammenhang sind die Impulse, die in einschränkenden Situationen ganz von selbst auftauchen und in denen zumeist ein Lösungsansatz enthalten ist. Lust ist das, was man „am liebsten" tun würde (wenn da nicht diese Angst vor dem Verlust des Partners wäre)!

Je nach Situation kann die Lust eines Menschen etwas sehr unterschiedliches sein. Es kann der Impuls sein, zu weinen, wenn er Weinen unterdrückt. Es kann sich um die Lust handeln, Kraft auszudrücken, wenn diese Kraft zurückgehalten wird. Es kann die Lust sein, gegen den Partner aufzubegehren oder auch, sich ihm zu öffnen und anzuvertrauen.

> Die Lust von Mann und Frau im Beziehungskrampf ist das, was sie spontan machen würden, wenn ihre Angst sie nicht daran hindern würde.

In den Büchern *Change* und *Selbstberatung*, die ich gemeinsam mit meiner Frau geschrieben habe, ist die Dynamik von Angst und Lust und deren Auswirkung auf das Leben des Menschen eingehend beschrieben. Dies würde hier den Rahmen sprengen. So viel sei angedeutet: Wenn Partner ihre Lustimpulse entdecken und diesen folgen, finden sie Alternativen aus sich selbst. Diesen inneren Impulsen zu folgen nenne ich „der Spur der Lust folgen."

Die „Spur der Lust" besteht aus einer Reihe von Impulsen, welche den Mann aus der Engewahrnehmung und die Frau aus der Mangelwahrnehmung herausführen.

Reiner

Seit sieben Jahren lebt Reiner mit seiner Frau zusammen. In dieser Zeit hat sich eine Situation entwickelt, unter der er leidet:

Reiner: *„Ich kann mit Gerda nicht mehr zu Freunden gehen, ohne dass Streit entsteht. Wenn wir auf einer Party sind und ich fröhlich bin, fängt sie an, mir die Freude zu verderben. Wenn ich froh bin und sie nicht die Ursache davon ist, macht sie meine Freude kaputt. Wenn ich dann tanzen will, mag sie den Tanz nicht. Wenn ich lachen will, ist es ihr zu laut. Sie ruiniert alles, was mir Spaß macht. (Reiner erregt sich zunehmend.) Ich kann überhaupt nicht mehr froh sein!"*

Berater: *„Du möchtest wieder froh sein können?"*

Reiner: *„Ja, verdammt noch mal, ich will endlich wieder lachen können, ohne dass sie mir dazwischenfunkt." (Er empört sich zunehmend, ballt eine Faust.)*

Berater: *„Du bist empört!"*

Reiner: *„Ja sicher. Ich will froh sein können, ohne dass es ihr Angst macht. Ich will mir meine Freude nicht nehmen lassen!" (Er atmet erregt und tief)*

Berater: *„Du willst dir Luft machen!"*

Reiner: *(Er atmet noch tiefer) „Platz, ich will mir Platz machen. Ich will mich bewegen können."*

Reiner fährt damit fort, sich zu empören. Situationen tauchen auf, in denen er sein Lachen und seine Freude aus Angst vor der Reaktion seiner Frau zurückgenommen und unterdrückt hat. Mit Unterstützung des Beraters empört er sich weiter und nennt einiges von dem, was er in den Jahren der Ehe hinnahm.

Nachdem seine Erregung abgeklungen ist, erzählt er Gerda, wie viel ihm all das ausgemacht hat und wie sehr er innerlich verletzt ist. Gerda hört betroffen zu. Jetzt, da Reiner sich weder rechtfertigt noch verteidigt, sondern sich zu erkennen gibt und seine Gefühle offen zeigt, kann sie ihn fühlen und auch mit ihm fühlen. Denn selbst wenn einer Frau die Gefühle des Mannes nicht gefallen, so ist es doch besser für sie, diese zu spüren und so Orientierung zu haben, als gleichsam in der Luft zu hängen.

Die Atmosphäre entspannt sich und gestattet Reiner, mehr von sich zu erzählen und zu zeigen. Als Gerda als Zeichen ihres Verstehens seine Hand ergreift, rollen ihm Tränen aus den Augen. Mit den Worten: *„Ich will wieder froh sein können"* beginnt Reiner zu weinen. Mit einem Seufzer atmet er durch und lächelt. Reiner hat seine Gefühle wiedergefunden, hat seine Freude wieder gefunden – weil er den Impulsen seiner Lust folgte, die ihm eine Spur zu sich selbst legten.

Seine *Lust* bestand zu Anfang darin, durchzuatmen. Dann folgten die Impulse, sich Raum zu nehmen, die Bedrängung durch seine Frau offen abzuwehren, die Gefühle der Empörung und Verletztheit zuzulassen und sich vollends Luft zu verschaffen, indem er die Gefühle zuließ. Als eine Folge davon wurde sein Herz freier und er nahm bald darauf wieder zärtliche Gefühle für seine Frau wahr.

Gerda

So lange wie Reiner seine Gefühle vor Gerda verbarg, so lang ist die Geschichte ihrer Bemühungen, „an ihn heranzukommen". Was würde Gerda tun, wenn sie, statt ihrer Angst, ihrer Lust folgte? Zuerst einmal hat Gerda keinen Zugang zu dieser Vorstellung. „Lust? Ich habe Lust auf Reiner – er ist meine Lust." Sie macht ihre Lust an Reiner fest und bemüht sich um seine Zuwendung, obwohl ihr das nicht im Gerings-

ten Lust, aber jede Menge Unlust und Frustration beschert.
Was aber ist ihre Lust? Was würde sie tun, wenn sie ihren
Freund nicht so sehr brauchte?

Berater: *„Macht es dir Lust, dich um Liebe zu bemühen?"*

Gerda: *„ Er rückt ja doch nichts raus. Es ist frustrie-
rend."*

Berater: *„Was würdest du auf so einer Party tun, wenn
du Reiner nicht so sehr brauchtest, dass du dich
um seine Aufmerksamkeit bemühen musst?"*

Gerda: *(überlegt) „Ich würde Kontakt zu den anderen
Leuten suchen. Mit Bekannten sprechen. Vielleicht jemanden kennenlernen, der mich interessiert."*

Berater: *„Wie ist es mit Tanzen?"*

Gerda: *„Ja, tanzen auch. Aber mit jemand, der wirklich
Spaß daran hat."*

Berater: *„Wozu hättest du noch Lust?"*

Gerda: *„Auf jeden Fall nicht darauf, nach ihm zu schau-
en. Ich würde mich auf der Party treiben lassen
und sehen, was auf mich zukommt. Einfach machen, was mir Spaß macht."*

Gerda bleibt noch eine ganze Weile in ihren Fantasien. Dabei erlebt sie, was sie vor sieben Jahren aufgegeben hat: sich
unabhängig vom Partner zu erfahren, zu machen, was *ihr* gefällt.

Seit sie mit Reiner zusammen ist, ist Gerda blind für alles
andere, was auf sie zukommt, denn sie hat nur noch Augen
für IHN. Seit sie zusammen sind, hat sie sich im Wortsinn an
Reiner gehalten. Mit einem anderen Mann tanzen? Wozu?
Schließlich bin ich doch mit Reiner zusammen!

Die Vorstellung, sich getrennt von Reiner und der Beziehung zu ihm zu erleben, ist für Gerda einerseits fremd und

ungewohnt, andererseits aber auch verlockend. Sie dehnt ihre Fantasie auf den Alltag aus:

„Wenn ich mehr das machen würde, was mir Spaß macht, dann würde sich schon einiges ändern. Zum Beispiel bei Verabredungen. Ich würde öfter reiten gehen und ihm sagen „Du kannst mich ja vom Reitstall abholen, wenn du willst" anstatt den Reittermin abzusagen und mich nach ihm zu richten. Ich würde überhaupt wieder mehr für mich tun, Freundschaften pflegen oder neue Freunde suchen. Ich würde auch aufhören, mich im Haus so viel um seine Bequemlichkeit und sein Wohlergehen zu sorgen. Er hat zwar nie verlangt, dass ich den Haushalt führe, aber ich habe es trotzdem getan. Am Anfang hat es sogar Spaß gemacht. Aber jetzt habe ich eigentlich kaum noch Lust dazu. Vielleicht würde ich den Haushalt auch ganz lassen und mir wieder eine Arbeit suchen, etwas, das mir mehr Sinn gibt, als den Haushalt zu besorgen. "

Gerda hat zu Beginn der Ehe ihre Arbeit aufgegeben und sich um das Haus und beider Wohlergehen gekümmert, eben „um die Beziehung". Dazu gehörte auch, ihren Mann möglichst unselbstständig zu halten, sich für ihn unentbehrlich zu machen, um ihm zu zeigen, was sie alles „für ihn" tut. Damit ihr Alltag einen Sinn bekommt. Damit er sich bei ihr wohlfühlt. Damit er bleibt. Schließlich gewinnt sie eine Erkenntnis:

„Reiner hat mich nicht auf die Weise in sein Leben eingebaut, wie ich es tue. Er hat mich angebaut. Aber ich habe ihn eingebaut und mein Leben um ihn herum aufgebaut. "

Wie viele Frauen hat Gerda den Mann zum Zentrum ihres Lebens gemacht. Das war unausweichlich, weil sie ihrer Angst folgte und sich um seine Anerkennung und Zuwendung bemühte. Wenn sie jedoch ihrer Lust folgt, verschiebt sich ihr Fokus. Sie macht sich selbst und ihre eigenen Interessen zum Zentrum ihrer Bemühungen – und baut den Partner an ihr Leben an. Die Spur der Lust führt sie also weg vom Mann, in die Welt, zu Freunden, zum Tanzen oder dahin, sich eine Arbeit zu suchen.

Der Mann auf der Spur seiner Lust

Hans lebt seit 19 Jahren mit seiner Frau Cornelia, mit der er zwei Kinder hat. Die seit einigen Jahren auftauchenden Konflikte nahmen in den letzten Monaten so zu, dass Hans sich zu einer Einzelberatung entschließt. Sein Problem schildert er folgendermaßen:

„Ich komme mit ihrer Art einfach nicht klar. Ich fühle mich von ihr regelrecht belagert. Wenn sie in Fahrt ist, lässt sie mich nicht zum Zuge kommen. Dann beschimpft sie mich und macht mich nieder. Für sie bin ich der Egoist, dem egal ist, wie es ihr geht, ein gewissenloser Typ.“

Hans nimmt sich den Streit sehr zu Herzen und versucht, seiner Frau klarzumachen, dass ihm die „Atmosphäre des Terrors“, wie er es nennt, wehtut. Damit geht Hans sogar einen Schritt weiter als die meisten Männer, die ihre Verletztheit entweder nicht wahrnehmen oder sie vor der Partnerin leugnen. Doch seine Partnerin macht es ihm nicht leicht.

„Wenn ich versuche, ihr klarzumachen, dass mich ihr Verhalten schockiert, setzt sie noch eins drauf. Dann kriege ich zu hören: „Du musst gerade sagen, dass dir was wehtut, wo du immer nur an dich denkst!“ oder „Du nimmst dir noch das Recht raus, dich zu beschweren. Gerade du egoistischer Typ!“

Seine Frau setzt auf seine zaghaften und „kläglichen“ Selbstbehauptungsversuche noch eins drauf, und Hans kippt innerlich um. Um nicht auch äußerlich umzukippen, macht er sich hart und flieht aus dem Haus.

Er fühlt sich nach solch einem Vorfall *„regelrecht ausgeplündert und total leer. Der Vorwurf, ich sei schuld an ihrem Zustand und ihrem Schmerz, ist so mächtig, dass ich* *dem nichts entgegenzusetzen habe. Wenn ich ihr sage, dass ich sie nicht auf die Weise lieben kann, wie sie es sich vorstellt, droht sie mir, zum Rechtsanwalt zu gehen und mir das Haus und die Kinder wegzunehmen. Wenn es so weit ist, gehe ich besser aus dem Haus, bevor noch was passiert."*

Cornelia weiß, womit sie Hans unter Druck setzen kann. Sie droht, ihm Kinder und Haus zu nehmen, wenn er sie nicht ihren Vorstellungen gemäß liebt. Natürlich handelt auch Cornelia aus innerer Not und glaubt, Hans nur durch Drohungen zum Einlenken bewegen zu können. Deshalb setzt sie ihn unter Druck und lässt seine Gefühle nicht gelten, was er mit den Worten beschreibt: „Ich komme mit meinen Gefühlen bei ihr gar nicht vor." Diese Aussage stimmt tatsächlich, denn den meisten Männern gelingt es nicht, ihre Gefühle so zu vermitteln, dass deren Frauen diese wahrnehmen können.

In den Einzelsitzungen versuchen wir konsequent, den Impulsen seiner Lust zu folgen und sie nicht vorzeitig aufzugeben. Hans erinnert sich an viele Gelegenheiten, in denen er seinen Anspruch auf Gefühle und Verletzlichkeit aufgegeben und „der Beziehung" geopfert hat. In seiner Beratung gewinnt der Satz „Ich habe auch das Recht, ..." zentrale Bedeutung. „Ich habe auch ein Recht ... mit meinen Gefühlen ernst genommen zu werden ..., glücklich zu sein ..., auf Schmerz ..., zu zeigen, was es mir ausmacht ..., auf meine Gefühle."

Hans begreift allmählich, wie sehr er sich durch sein Nachgeben aufgab, den Kontakt zu sich verlor und innerlich leer wurde. Er erkennt, dass es so nicht weitergehen kann und entschließt sich, etwas anderes als sich selbst aufzugeben: nämlich den Versuch, es seiner Frau um den Preis der Selbstaufgabe recht zu machen, den Versuch, nachzugeben, damit sie bleibt. Zugleich macht er Cornelia klar, dass er keine Trennung will, weder auf die Kinder noch auf sein Heim verzichten wird und dass er für seine Rechte notfalls auch vor Gericht eintreten wird.

„Ich habe es ihr so gesagt, ohne Streit oder Vorwürfe, in aller Ruhe. Ich habe klargemacht, dass ich nicht gehen werde. Wenn sie die Beziehung beenden will, muss sie gehen, nicht ich. Ich werde mit den Kindern bleiben, denn es ist auch mein Zuhause, das ich mir aufgebaut habe und ich bin nicht bereit, es aufzugeben."

So hat Cornelia ihren Mann noch nicht erlebt. Ruhig, klar und deutlich hat er ihr die Grenzen seiner Belastbarkeit gezeigt und keine Zweifel an seiner Entschlossenheit gelassen, das Recht auf seine Gefühle zu behaupten. Seine Botschaft: „Ich kann so nicht weitermachen, ich gehe kaputt – ich lasse mich nicht länger von dir erpressen", ist wirklich (wirksam) bei ihr angekommen. Cornelia hat gespürt, dass Hans meint, was er sagt. Mit dem Satz: *„Ich werde nicht gehen, du musst gehen, wenn du es willst"*, legt die Verantwortung für das Ende der Beziehung in Cornelias Hände.

Cornelia ist verwirrt. Zum ersten Mal in der langen Geschichte ihrer Auseinandersetzungen kann sie die Gefühle ihres Mannes nicht mehr „überrollen" und ihn zur Aufgabe zwingen. Zum ersten Mal hat Cornelia das, was sie sich immer wünschte: ein Gegenüber, einen spürbaren Mann, einen Standpunkt, an dem sie sich orientieren kann. Hans hat sich ihr entgegengestellt, sich nicht in die Ecke oder aus dem Haus drängen lassen, sie nicht weggestoßen, sich nicht abgeschottet oder hart gemacht, und sich auch nicht aus dem Staub gemacht. Er hat sich zu erkennen gegeben und Cornelia damit Orientierung ermöglicht. Jetzt kommt er mit seinen Gefühlen „bei ihr vor".

Seiner Frau standzuhalten und entgegenzutreten wurde Hans möglich, weil er seiner Lust, seinen Impulsen, die seine innere Wahrheit ausdrücken, treu blieb und nicht länger seiner Angst nachgab, obwohl diese recht massiv war und ihn zunehmend beherrschte. Cornelia reagiert nun anders als erwartet. Sie entspannt sich und erkennt seine Gefühle an. Sie geht nicht weg und fordert auch nicht mehr, dass er geht. Sie beginnt für möglich zu halten, was er immer schon behauptet hatte: dass sie ihm viel bedeutet.

In der Folgezeit entspannt sich die Situation der Partner. Die Atmosphäre der Beziehung wird weicher, was es Hans ermöglicht, nach und nach die Erlebnisse und Erfahrungen der Beratung einzubringen.

Der Hintergrund von Hans Angst vor Frauen zeigt sich in seinen Erinnerungen: *„Mir wird heute noch ganz mulmig, wenn meine Mutter mit Stolz erzählt, was für ein 'gängiges' Kind ich war. Dass sie mich nie schlagen musste, weil ich schon auf bloße Blicke reagiert habe. "*

Sicherlich dauert es noch eine Zeit, bis Hans und Cornelia wieder Freunde sein und Zuneigung füreinander empfinden können. Doch die festen Verhaltensmuster, die Gewohnheiten des Kampfes sind aufgebrochen und erste Handlungsalternativen werden wirksam. Es geht bergauf. Hans' Beitrag zu dieser positiven Entwicklung besteht in der Entdeckung und konsequenten Entwicklung seiner emotionalen Impulse – eben dem Folgen der Spur seiner Lust.

Die Frau auf der Spur ihrer Lust

Cornelia ist fünfundvierzig Jahre alt. Seit ihr Mann ein Verhältnis zu einer fünfzehn Jahre jüngeren Frau hat, befindet sie sich in einer schwierigen Lage. In die erste Beratungsstunde kommt sie völlig deprimiert. Ihr Mann war gerade mit seiner Freundin für einige Tage weggefahren. In die zweite Sitzung kommt sie dagegen in bester Laune:

Cornelia: *„Mir geht's gut. Mein Mann ist gerade mit zwei Geschäftsfreunden auf Männertour. Da weiß ich, dass nichts passieren kann. "*

Berater: *„Was gibt dir das? "*

Cornelia: *„Ein ruhiges Gefühl. Da brauche ich keine*

*Angst haben. Ich fühle mich sicher. Im Unter-
schied zur letzten Woche fühle ich mich wie auf
einem sanften Ruhekissen."*

Ihr emotionaler Zustand hängt von den Handlungen ihres Mannes ab. Er kann Cornelia ein „sanftes Ruhekissen" geben, es ihr aber auch wieder wegnehmen. Wenn er auf Männertour ist, fühlt sie sich sicher. Ist er bei seiner Freundin, geht ihre Sicherheit verloren und der Kampf um ihn beginnt von vorn. Heute jedoch geht es ihr gut, heute braucht sie nicht um ihn zu kämpfen, heute ist sie entspannt:

Cornelia:	*„Vielleicht ist es falsch zu kämpfen, vielleicht habe ich zu wenig Kampfgeist."*
Berater:	*„Du willst um ihn kämpfen?"*
Cornelia:	*„Nicht unbedingt kämpfen, aber wie soll ich ihn sonst zurückbekommen? Ich will ihn nicht verlieren, aber ich will auch nicht gehen. Ich will, dass er von selbst zurückkommt."*
Berater:	*„Wieso sollte er das tun?"*
Cornelia:	*„Weil es bei mir besser ist."*
Berater:	*„Was ist besser bei dir?"*
Cornelia:	*(zögert) „Ich kann's dir sagen, aber ich finde es selber nicht gut, weil es so spießig klingt. Ich bin besser, was die Versorgung angeht. Ich tu alles für ihn."*
Berater:	*„Und ganz persönlich, was ist gut an dir?"*
Cornelia:	*„Ich bin charmant, kann gut auf Leute zugehen, kann organisieren, komme mit den Kindern gut klar, kann gut mit meinem Mann sprechen. Aber das ist ja nichts Besonderes, das kann die andere auch."*
Berater:	*„Aha, das ist nichts Besonderes. Was ist denn schlechter an dir?"*
Cornelia:	*„Das kann ich dir auf Anhieb sagen. Ich bin*

schon mal fünfzehn Jahre älter als sie. Außer-
dem bin ich im Bett nicht so aktiv und sie hat
eine engere Scheide als ich, sagt er. Sie himmelt
ihn an und schaut zu ihm auf, das gefällt ihm. "

Vom Verstand her möchte Cornelia nicht kämpfen, sondern warten, dass ihr Mann von selbst zurückkommt. Doch ihre Gefühle sagen etwas anderes: „Kämpfe um ihn, sonst verlierst du ihn, denn die andere ist besser – sie kann alles, was du kannst, dazu ist sie jünger und attraktiver."

Cornelia kämpft, „um ihn nicht zu verlieren", auf zweifache Weise. Zum einen versucht sie, ihren Mann auszuhorchen und auszuspionieren, um Informationen über die Bedeutung zu bekommen, die seine Freundin für ihn hat. Zum anderen will sie ihren Wert für ihren Mann erhöhen: Sie sucht einen Schönheitschirurgen auf und lässt sich wegen eines Liftings ihrer Tränensäcke und ihres Hinterns beraten. Dabei weiß sie (vom Kopf her) längst, dass auch eine Operation keine Sicherheit bringen würde.

„Früher hat er mir das Gefühl gegeben, sein Ein und Alles
zu sein. Ich habe alles versucht, es ihm recht zu machen.
Aber auf Dauer geht das nicht. Irgendetwas fehlt immer. Ich
strenge mich an und komme doch nie an ... "

An diesem Punkt geht die Beratung in Richtung Kindheit, denn an diesem Punkt steht ihr der Vater gegenüber, dessen „Ein und Alles" sie sein wollte. Sie wollte für ihn „die Einzige" sein, so wie er „ihr Alles" war. Die Entscheidung, sich ganz und ausschließlich auf ihren Mann einzulassen, „sein Alles" zu sein, hat Cornelia vor fünfzehn Jahren „ganz bewusst" getroffen:

„Ich hatte damals noch einen anderen Freund, aber ich
wollte endlich eine klare Linie in meine Beziehungen rein
bringen und habe meinen Mann gewählt. "

Seit dieser Entscheidung – es war ja tatsächlich eine EntScheidung, ein Sich-Scheiden von den Gefühlen und Bedürfnissen, die nicht zur „klaren Linie" passten – stand ihr Mann im Mittelpunkt ihres Lebens. Mit IHM hatte ihr Leben ein klare Linie, einen Sinn; und an IHM hat sie sich orientiert. Solange sie sein „Ein und Alles" war, war alles gut. Jetzt aber steht Cornelia vor den Folgen ihrer Entscheidung, denn jetzt scheint sie nur noch „zweite Wahl" zu sein.

Wenn sie jedoch ihrer Lust folgte, würde ihr Mann aus dem Zentrum ihrer Aufmerksamkeit geraten:

Berater: „*Was würdest du eigentlich am liebsten tun, wenn du könntest? Was würdest du tun, wenn du ihn nicht so sehr brauchtest?*"

Cornelia: „*Am liebsten möchte ich, dass er zurückkommt.*"

Berater: „*Dass ER. Ich meine DICH!*"

Cornelia: „*Ich würde mir sagen, bitte, soll er doch tun, was ihm Spaß macht. Aber das geht nicht, dann wird er auf jeden Fall bei ihr bleiben.*"

Berater: „*Wieder ER. Also, er tut, was ihm Spaß macht. Und Du? Was würde Dir Spaß machen?*"

Cornelia: „*Das weiß ich nicht. (Sie ist verwirrt, lacht). Da bin ich ziemlich perspektivlos. Das wirft er mir ja auch vor. Ich glaube, ich bin im Laufe der Jahre stehen geblieben, habe aufgegeben, etwas für mich zu tun.*"

Es fällt Cornelia schwer, die Frage nach ihrer Lust zu beantworten. Seit sie eine „gerade Linie" in ihr Leben brachte, hat sie sich fast ausschließlich im Zusammenhang mit ihrem Mann erlebt. Es gibt buchstäblich keinen Bereich, in dem sie sich unabhängig erfährt. Immer wieder taucht ER auf. Wenn ER nicht mit der anderen zusammen wäre, wenn ER nicht so egoistisch wäre, wenn ER zurückkommen würde.

Berater: „*Unabhängig von ihm, was würde Dir Spaß machen?*"

Cornelia: „*Also, ich müsste mir sagen, dass ich restlos von mir selbst überzeugt bin. Dann würde ich es so sehen: Das mit der Freundin ist jetzt für ihn wichtig, und für mich ist etwas anderes wichtig.* "

Berater: *„Aha, du müsstest von dir überzeugt sein und dir sagen, dass für dich etwas anderes wichtig ist? Was denn zum Beispiel?* "

Cornelia: *„Ich glaube, ich muss ganz ehrlich sagen, wichtig wäre für mich momentan ein Flirt. Aber ich will ja viel lieber mit ihm flirten.* "

Berater: *„Schon wieder ER. Bleib dabei, was würdest du tun, wenn du ihn nicht so sehr brauchtest?* "

Cornelia: *„Mit einer Freundin ausgehen und flirten. Ich glaube nicht, dass ich direkt mit einem anderen Mann schlafen will, aber flirten würde mir gut tun.* "

Cornelia entwickelt eine Flirtfantasie. Dabei erfährt sie in Bildern und Vorstellungen Zuwendung und Anerkennung von anderen Männern. Die Fantasie gefällt ihr, sie fühlt sich gleich „etwas besser". In der Folgezeit der Beratung entwickelt Cornelia mehr und intensivere Phantasien. Damit tut sie, was ihr bisher fast unmöglich war: Sie erlebt sich unabhängig von ihrem Mann. Schritt für Schritt erweitert sie ihre Vision von sich, oder anders ausgedrückt, ihr Selbstbild, und erlebt sich in anderen Zusammenhängen und neuen Beziehungen.

In der Erweiterung ihrer Vorstellungskraft, ihrer Fähigkeit, Bilder eines durchaus möglichen Lebens zu entwerfen, gewinnt Cornelia Zuversicht und Kraft. Sie beginnt bald darauf, die ersten Fantasien in die Tat umzusetzen. Der erste Schritt erscheint sehr klein: Sie kocht nur noch, was ihr schmeckt und räumt die Wohnung nur so weit auf, wie sie es will. Dann zieht sie mit ihren Freundinnen los. Als Nächstes nimmt sie ihren alten Beruf halbtags wieder auf.

Auch wenn in den Sitzungen immer wieder starke Gefühle

und Ängste auftauchen – der Weg aus ihrer Misere öffnet sich für Cornelia über die Spur ihrer Lust. Ein Großteil der Beratung besteht darin, Fragen zu stellen, die sie nur beantworten kann, wenn ihre Fantasien nur sie selbst und nicht ihren Mann betreffen.

Am Ende einer Sitzungsreihe stellt Cornelia eine interessante Frage: „Wieso habe *ich* eigentlich keinen Geliebten?" Und sie entschließt sich endgültig, trotz der noch vorhandenen Angst, ihren Mann zu verlieren, keine Operation durchführen zu lassen, sondern konsequent der Spur ihrer Lust zu folgen. Dabei hat sie eine Menge schöne Erlebnisse und erfährt ihren Wert außerhalb der Beziehung. Sie findet wieder, was sie zum Teil aufgegeben hatte: ihre Spontaneität, Freude und Gelassenheit.

Sie löst allmählich ihre Bedürfnisse aus der Insel der Partnerschaft und geht auf Entdeckungsreise – auch wenn sie dabei Untiefen überqueren muss und oftmals keinen Boden unter den Füßen spürt.

Was es Frauen schwer macht, den Weg der Lust konsequent zu gehen, ist die Überzeugung, der Partner wäre ihre Lust, ER wäre ihr wichtigster Wunsch, ER wäre ihr größtes Bedürfnis. Da die Frau glaubt, nur mit IHM könnte sie erleben, was sie sucht und nur von IHM bekommen, was sie braucht, scheint seine Liebe über alle Maßen wichtig.

Die Spur der Lust, die Spur unterdrückter Impulse führt die Frau in die Unabhängigkeit. Obwohl sie zunächst glaubt, der Mann wäre ihre Lust, ER wäre ihr Ziel, stellt sie fest, dass es ihr in Wirklichkeit nicht um ihn geht, sondern um das, was sie durch ihn erreichen will: Verbindung, Geborgenheit, Sicherheit, Liebe, Identität.

> Auf der Spur ihrer Lust entfernt die Frau den Mann aus dem Zentrum ihrer Wahrnehmung und ihrer Gefühle. Sie macht den Mann vom wichtigsten Bereich ihres Lebens zu einem wichtigen Bereich ihres Lebens.

Der Weg in die Lust, in die Freude, auch in die Freude an der Partnerschaft, ist kein linearer Weg. Er führt durch Höhen und Tiefen, birgt Erfolge und Rückschläge. Doch wer sich auf diesen Weg begibt und nicht aufgibt, kommt früher oder später ans Ziel.

Trennung als Lösung?

Wenn Partner verzichten, erdulden, sich bemühen, sich aufgeben, ist das Maß irgendwann voll. Irgendwann können sie Ärger und Enttäuschung nicht mehr zurückhalten. Dann glauben sie, nur noch durch die große Trennung Freiheit oder Orientierung zu finden.

Die große Trennung, das heißt, die Beziehung beenden, das „Experiment Partnerschaft" aufgeben.

Die große Trennung

Wenn Partner mit dem Wunsch nach der großen Trennung in die Beratung kommen, entdecken sie in dieser Vorstellung eine Menge von Möglichkeiten. Was würde eine Trennung ermöglichen? Was könnten sie dann tun, was sie jetzt nicht können?

„Ich könnte wieder mit gutem Gewissen tun, was mir Spaß macht. Ich hätte sie nicht mehr im Nacken sitzen. Ich wäre die Kontrolle los und diese ständige Kritik. "

„Ich brauchte nicht mehr darauf zu warten, dass er für mich aufmacht. Diese unerträgliche Situation wäre vorbei. Ich würde aufhören, für ihn da zu sein und mich nicht nach ihm richten. "

Der Partner wird jedoch nur vorgeschoben. Er ist nicht schuld – er hat nichts weggenommen und er hat nichts verhindert. Es liegt an jedem Partner selbst, wenn er die Trennung sucht, denn:

Der Mann will sich tren-

Die Frau will sich trennen,

nen, weil er keine Möglichkeit kennt, sich *innerhalb*
der Beziehung Ruhe und
Distanz zu verschaffen.

weil sie keine Möglichkeit
kennt, sich *innerhalb* der
Beziehung um sich selbst
zu kümmern.

Viele Paare gehen mangels angemessener und sinnvoller Verhaltensalternativen auseinander.

Dabei will der Mann sich in erster Linie gar nicht von der Frau trennen, sondern von Ärger und Streit, von Druck und Belastung, von Enge und Pflicht. Die Frau will sich eigentlich auch nicht vom Mann trennen, sondern von Anstrengung und Enttäuschung, von Mühe und Frustration, von Unsicherheit und Warten.

Der Wunsch sich zu trennen taucht in einer Beziehung oft dann auf, wenn Abstand zum Partner oder zum eigenen Verhalten nicht anders hergestellt werden kann. Tatsächlich liegt in der großen Trennung auch eine Chance. Sie zwingt Mann und Frau, sich mit etwas auseinanderzusetzen, das sie bisher vermeiden wollten: der Aufgabe, Distanz zum Partner oder Distanz zu sich selbst, zum eigenen Verhalten, herzustellen.

Carola nach der Trennung: *„Ich lerne allmählich, erwachsen zu werden, meine Gefühle in Einklang mit dem zu bringen, was ich äußerlich darstelle. Das heißt für mich, nicht so zu klammern. Jedes Mal, wenn ich einen Mann verliere, sage ich mir beim nächsten: 'Klammere nicht so, mach die Beziehung nicht kaputt'. Ich nehme langsam Abschied von der Vorstellung, dass es einen gibt, der für alles für mich ist, der mich immer liebt, der sich um mich kümmert, der mir ein Zuhause gibt und Geborgenheit vor der bösen Welt.“*

Jürgen nach der Trennung: *„Der Gedanke allerdings, dass ich in der Ehe nicht genügend Zuneigung und Liebe für sie empfunden habe oder ihr meine Liebe nicht genügend gezeigt habe, dass dieser Mangel in mir stecken könnte und sich nun wirklich zeigt, dieser Gedanke erschreckt mich.“*

Die Nachteile der großen Trennung bestehen darin, zwar vom Partner befreit zu sein, aber nicht notwendigerweise von den Verhaltensweisen, durch die die Situation geschaffen wurde, der die Partner durch eine Trennung zu entkommen suchen. Sie sind den anderen los, aber ihre innere Unfreiheit und Unsicherheit nehmen sie zu einem großen Teil in die nächste Beziehung mit.

Durch die große Trennung haben die Partner die Situation verlassen, in der sie am besten lernen könnten, mit ihren Kompromissen aufzuhören. Nicht selten mündet dies in einen längeren Abschied von der Liebe.

Irmtraud: „Männer habe ich erst mal auf Eis gelegt. Ich bin als Beziehungsmensch ziemlich unmöglich. Wenn ich jetzt einen Freund hätte, würde ich Gefahr laufen, meine beruflichen Interessen zurückzustellen. Meine Zukunftspläne würden durcheinandergeraten nach dem Motto: 'Jetzt hast du ne tolle Beziehung, da ist der Job nicht mehr so wichtig.'"

Die große Trennung ist in vielen Fällen ein Produkt der Angst. Oft ist es zuvor nicht gelungen, die vielen kleinen Trennungen der Partnerschaft herbeizuführen. Hätten sie Mut zu den kleinen Trennungen gehabt, die in jedem Tag des Beziehungslebens anliegen, hätte es vielleicht nicht soweit kommen müssen.

Sicherlich ist es gut, sich trennen zu *können* und nicht nur aus Angst beim Partner zu bleiben. Bestimmt aber ist es nicht gut, sich trennen zu *müssen*, weil keine andere Wahl, keine Alternative besteht.

Die kleinen Trennungen

Die Alternativen zur großen Trennung liegen in der kleinen Trennung, in den vielen kleinen Abschieden des Beziehungsalltags. In der Vorstellung: „Was ich machen würde, wenn ich den Partner nicht so sehr bräuchte", wird klar was solche kleinen Trennungen bedeuten können. Wenn wir uns nicht (so sehr) brauchten, dann würde ich:

„nicht so viel Rücksicht darauf nehmen, wie er mich haben will."

„im Bett nicht so leicht nachgeben und darauf bestehen, dass ich auch meinen Spaß habe."

„mir nicht so viele Gedanken machen, ob ich noch attraktiv genug bin."

„nicht so viel arbeiten und mehr reisen. Leisten könnten wir es uns."

„nur noch mit ihr schlafen, wenn ich es wirklich will, und nicht, weil ich glaube, es zu müssen."

„mir nicht ständig den Kopf über seine Sorgen zerbrechen. Ihm schon helfen, aber seine Probleme nicht zu meinen machen."

„viel öfter ohne ihn ausgehen."

„mir keine Gedanken darüber machen, ob meine Lust für ihn zu viel ist. Ich würde mich so richtig gehen lassen."

„öfter alleine sein."

„mir das Gerede nicht anhören, wenn ich keine Lust dazu hätte."

„ehrlich sagen, was ich denke und nicht so viele Kompromisse machen."

„mir auch einen Geliebten zulegen."

„mir keine Unverschämtheiten gefallen lassen."

„mich nicht so mies behandeln lassen."

„mich mit meinen Forderungen durchsetzen und nicht nachgeben um des Friedens willen, sondern nur, wenn ich es einsehe."

„mich mehr darum kümmern, was mir gut tut."

„die Hausarbeit für ihn einfach nicht mehr mitmachen!"

Im Gegensatz zur großen Trennung, die alles beendet, bezieht sich eine kleine Trennung auf ein bestimmtes Verhalten, auf einen bestimmten Moment, auf eine bestimmte Überzeugung. Sie stellt weder die Beziehung infrage noch will sie die Partnerschaft auflösen. Ihr Ziel ist es, einem Partner die Befriedigung seiner Bedürfnisse zu ermöglichen – und zwar auch und gerade unabhängig vom anderen.

Partner brauchen Mut, wenn sie ihrer Lust folgen wollen. Sie brauchen Mut, wenn sie kleine Abschiede praktizieren wollen, denn die kleinen Abschiede fühlen sich zunächst groß an.

Als Ulla zur Beratung kommt, hat sie den Kampf um Liebe begonnen. Sie hat einige Vorstellungen, die sie mit ihrem Freund Gunnar verwirklichen wollte. Dazu gehört, mit ihm zusammen zu leben, was den Umzug eines der Partner erfordert, da ihr Freund in einer anderen Stadt wohnt. Da Gunnar sich zu diesen Punkten nicht äußert, ruft sie ihn fast täglich an und verwickelt ihn in lange und aufreibende Gespräche. Sie will hören, dass er sie vermisst und dass er seine Wohnung aufgibt und zu ihr zieht. Ulla empfindet ihr Drängen selbst als „unmöglich", kann aber nicht davon ablassen. Aber nach einigen Beratungen hat sie ihr Verhalten und die dahinterliegenden Ängste so weit reflektiert, dass sie den Mut aufbringt, ihre Anrufe einzustellen. Sie schreibt ihrem Freund einen Brief:

„... diese Situation ist für uns beide unwürdig. Ich habe keine Lust mehr, mich zu quälen, und ich werde dir deshalb nicht weiter auf die Nerven fallen. Wenn du Lust hast, melde dich."

Ulla entschließt sich zur kleinen Trennung, dazu, ihn zu lassen. Sie bleibt ihrem Entschluss treu und meldet sich nicht mehr bei ihrem Freund. Zwei lange Wochen vergehen:

„Es war verflixt schwer, die Finger vom Telefon zu lassen. Ich habe mir halt gesagt, wenn ihm was an mir liegt, wird er

sich melden. Wenn er sich nicht meldet, hat es auch keinen Sinn, ihn zu drängen."

Der Entschluss, durchzuhalten und nicht den Einflüsterungen ihrer Angst zu folgen, die Beziehung wäre beendet, wenn sie sich nicht weiter um Gunnar bemühe, war die schwerste Aufgabe für Ulla. Nach zwei Wochen geschieht ein „Wunder":

„Es klingelt, und er steht vor der Tür. Ich bin vor Schreck und Überraschung fast umgefallen, weil ich die Hoffnung fast aufgegeben hatte. Und dann steht er da!"

Zwei Wochen dauert es, bis sich Gunnar über seine Wünsche klar ist. Als er sich nicht mehr zu wehren braucht, bekommt er Gelegenheit, seine eigene Lust zu erkennen und von sich aus auf seine Freundin zuzugehen.

Zwei Wochen, die Ulla (durch die Brille Mangel) ewig und ihrem Freund (durch die Brille Enge) kurz erscheinen. Einige Monate später wohnen die beiden zusammen. Ulla ist ihrer Lust treu geblieben:

„So schwer es mir fiel, ich habe mir lieber auf die Lippen gebissen, als an ihm zu zerren und zu versuchen, ihn zu etwas rumzukriegen, das er nicht wollte. Die einzige Möglichkeit, wie ich es schaffen konnte, war, einfach mein Ding zu machen. Mit der Zeit habe ich dann gemerkt, dass es meistens funktioniert. Er braucht viel mehr Zeit als ich mir früher vorstellen konnte, um eine Antwort zu geben oder etwas Verlässliches zu sagen."

Kleine Abschiede zu praktizieren, ist auch für den Mann eine schwierige Aufgabe. Kurt macht diese Erfahrung, als er versucht, sich gegenüber seiner Frau durchzusetzen. Elisabeth treibt ihren Mann mit der Drohung, sich das Leben zu nehmen, *„wenn sich zwischen uns nicht bald etwas ändert"*, *zur* Verzweiflung. Kurt reagiert durch Schweigen und Betroffenheit. In der Beratung erfährt er sein Schweigen und seinen Rückzug als Hilflosigkeit und entdeckt seine Impulse, sich zu wehren. Er entschließt sich, mutiger zu werden und klar und offen seinen Standpunkt zu vertreten.

„Ich habe immer geglaubt, sie müsste doch wissen, wie sehr mich ihre Drohungen in Stress versetzen. Ich habe nicht begriffen, wie sie so etwas tun kann. Dabei habe ich nicht gemerkt, dass mein Schweigen für sie wie eine glatte Wand war, an der sie abrutschen musste. Jetzt lerne, mich eindeutiger zu verhalten. Das Schwerste ist, Nein zu ihr zu sagen, wenn sie fordernd vor mir steht, und trotzdem den Vorwurf, ich würde sie nicht lieben, nicht gelten zu lassen. Das kostet mich immer noch Überwindung. Auf der anderen Seite gewinne ich dadurch ein Stück Freiheit, ein Stück Stärke für mich. Jetzt kann ich sogar klar sagen, dass ich unklar bin. "

Kurt gewinnt die Klarheit, seiner Frau in aller Deutlichkeit zu sagen: „Ich bin unklar und brauche Zeit" und: „Ich bin mir unklar – das muss klar genug sein!" Dies ermöglicht es seiner Frau, die Gründe seiner Undeutlichkeit in ihm und nicht in einem Mangel bei sich selbst zu suchen.

Durch die Auseinandersetzungen, die stattfanden, als sie ihrer Lust treu blieben und den kleinen Abschied praktizierten, ohne dabei ihre Beziehung in Frage zu stellen, haben Kurt und Ulla etwas begriffen, was für Mann und Frau durch die Brille ihres Kontextes Enge bzw. Mangel so schwer zu begreifen ist: den Wert der kleinen Trennungen.

Einwände gegen die Spur der Lust

Die Spur der Lust führt zu einem neuen Verhalten gegenüber dem Partner. Es besteht für den Mann darin, sich zu behaupten und der Frau klar und deutlich gegenüberzutreten, und für die Frau darin, ihre Bemühungen um den Mann einzustellen und sich gut um sich selbst zu kümmern.

Für die Frau deutlich zu sein, ist der erste Schritt des

Den Mann zu lassen, ist der erste Schritt der Frau in

Mannes in Richtung seiner Lust – der Lust, sich Platz zu verschaffen und sich zu fühlen.

die Richtung ihrer Lust – der Lust, ihre Kraft für sich selbst zu gebrauchen.

Wenn ich von der Lust des Mannes schreibe, sich emotional zu behaupten (für sie deutlich zu sein) und der Lust der Frau, emotional unabhängig zu sein (ihn zu lassen), werden gewiss viele Einwände auftauchen. Manche Leser werden denken: „Was, das soll meine Lust sein? Gerade davor habe ich doch Angst!"

Partner können sich jedoch fragen, ob es ihnen tatsächlich Lust bereitet, sich zu verschließen oder sich zu bemühen. „Für sie deutlich sein" und „ihn lassen" ist eine schwierige Aufgabe, die Mann und Frau nur lösen können, wenn sie konsequent ihrer Lust und nicht ihrer Angst folgen.

Wenn der Mann seinem Bedürfnis nach Freiheit nachgeht, wird er vonseiten der Partnerin oft mit dem Vorwurf konfrontiert sein, sie nicht wirklich zu lieben. „Du liebst mich nicht richtig, du liebst mich nicht genug – sonst könntest du so etwas nicht tun." Dann gilt es, den eigenen Impulsen treu zu bleiben und den Anspruch auf Liebe und Freiheit einzulösen. „Ich liebe dich *und* ich brauche meinen eigenen Raum" ist ein Satz, der wohl keinem Mann leicht über die Lippen geht.

Versuchen Sie es, lieber Leser, bei nächster Gelegenheit. Versuchen Sie, diesen Satz Ihrer Frau ins Gesicht zu sagen und standzuhalten. Versuchen Sie, zu Ihrer Liebe zu stehen und gleichzeitig Ihrem Bedürfnis nach Freiheit treu zu bleiben. Ein spannendes Experiment!

Wenn die Frau aufhört, sich um den Mann zu bemühen und ihn lässt, passiert meist erst einmal nichts. Erst einmal ist dann Leere. Der Mann scheint nicht zu reagieren. Dann heißt die Alternative für die Frau jedoch nicht, auf ihre Bedürfnisse zu verzichten, erneut sich zu bemühen, zu warten und damit ihre Lust zu verleugnen. Ihrer Lust treu zu bleiben kann heißen, sich vom Mann fort, nach außen hin zu orientieren und sich anderen Menschen oder Dingen zuzuwenden. Je mehr die Frau ihre Interessen unabhängig von dem einen Mann verfolgen kann, desto leichter kann sie ihn lassen.

Versuchen Sie es, liebe Leserin, bei der nächsten Gelegenheit. Versuchen Sie es, ihn zu lassen *und* trotzdem Ihre Bedürfnisse zu verfolgen. Eine Aufgabe, die Ihre ganze Kreativität erfordern dürfte.

Jetzt, nachdem ich Sie zu diesem Versuch aufgefordert habe, beachten Sie bitte, welche Einwände gegen meine Anregungen aufgetaucht sind. Welche Gründe haben sich in Sekundenschnelle angeboten, warum es *nicht* geht, der Lust zu folgen? Normalerweise sagen die Partner sinngemäß:

Ich kann für sie gar nicht deutlich sein. Das nutzt nichts, weil sie mein Bedürfnis nicht annehmen wird, weil sie mich nicht respektieren wird.

Ich kann ihn nicht lassen, weil er mein Bedürfnis ist. Ich will ja ihn, nur er kann mir geben, was ich brauche.

Weil sie, weil er …! Wenn Partner so denken, haben sie die Spur der Lust bereits verlassen – und sind bei der Angst gelandet. Und weil sie denken, es ginge nicht und das läge am Partner, vermeiden sie kleine Trennungen. Sie hören auf die Stimmen ihrer Einwände und sind überzeugt, dass das von mir vorgeschlagene alternative Verhalten nichts nutzen und nichts verändern würde.

Partner können Beweise für ihre alten Überzeugungen aufführen, Dutzende, Hunderte von Beweisen – ihre ganze reichhaltige und langjährige Beziehungserfahrung scheint dafür zu sprechen. Aber sie können nur beweisen, dass sie *bisher* keinen gangbaren Weg und keine funktionierenden Lösungen gefunden haben, denn diese Beweise stammen aus der Vergangenheit der Beziehung, stammen aus dem Kontext von Liebe mit Enge oder Mangel.

Sie beweisen nicht, dass die Spur der Lust unbrauchbar ist, denn sie haben es bisher kaum geschafft, Deutlich-sein und Ihn-lassen konsequent durchzuhalten. Diese „wertvollen" Erfahrungen stammen aus der Enge/Mangel-Wahrnehmung, die zur Reproduktion eben dieser Erfahrungen geführt hat.

Partner sollten sich darüber klar sein, dass sie keine Aussage über Liebe im Kontext von Unabhängigkeit machen können, solange sie diesen Kontext nicht geschaffen haben.

Die Aufgabe des Mannes

Für die Frau deutbar zu sein ist eine Anforderung, die der Mann oft nicht begreift. „Ich bin doch deutlich, ich habe es ihr doch schon tausendmal erklärt. Sie lässt es einfach nicht gelten" ist ein häufiger Einwand von Männern. Diese Männer haben nicht verstanden.

> Es geht nicht bloß darum, deutlich zu sein. Es geht darum, für sie, für die Frau, die ihnen gegenüber steht, deutbar zu sein.

Die intellektuelle und emotional distanzierte Weise, in der die meisten Männer versuchen sich zu erklären, spricht Frauen nicht an. Tatsächlich zieht sich der Mann ja auf die Bastion „Kopf" gerade deshalb zurück, um emotionalen Auseinandersetzungen zu entkommen. Im Vergleich zur Frau ist er in der Äußerung seiner Gefühle ein emotionaler Zwerg, auch wenn in seinem Inneren das ganze Spektrum der Gefühle vorhanden ist.

> Für sie, für die Frau, deutlich zu sein erfordert mehr als Erklärungen, Argumente und Meinungen. Es erfordert emotionale Behauptung.

Andreas und Renate kamen vor einem Jahr zur Beratung. In der einjährigen Pause hatten sich ihre Konflikte zwar verdeutlicht, es war aber nicht zu einer Lösung gekommen. Vor allem Andreas ist jetzt entschlossen, die neuen Sitzungen für sich zu nutzen. Bald wird er in überraschender Weise direkt.

Andreas: „So kann es nicht weitergehen. Ich lasse mich nicht mehr unter Druck setzen. Du musst endlich begreifen, dass der Raum, den du in meinem Leben einnimmst, begrenzt ist. Ich kann und will dir nicht alles geben. Ich lebe nicht für dich allein, ich lebe auch noch für mich."

Berater: „Du lebst auch für dich! Was bedeutet das?"

Andreas: „Dass ich nicht immer und alles für sie tun kann!"

Berater: „Sondern?"

Andreas: „Dass ich verdammt nochmal Bedürfnisse habe!"

Andreas wird heftig und emotional. Renate wirkt überrascht – fast schockiert. Auf jeden Fall ist sie in ihren Versuchen, Andreas zu verändern und ihren Bedürfnissen anzupassen, gebremst.

Berater: „Du hast auch Bedürfnisse! Welche Bedürfnisse?"

Andreas: „Es gibt Dinge, die kann ich mit ihr nicht machen. Das will ich auch gar nicht. Ich will nicht alles mit ihr teilen müssen. Sie versteht das nicht."

Berater: „Was soll sie verstehen?"

Andreas: „Dass es nicht gegen sie gerichtet ist, sondern dass ich das für mich brauche!"

Berater: „Du brauchst es für dich!"

Andreas: „Ja, für mich. Es ist nicht alles „Wir". Ich will das ganz für mich allein!"

Es würde Renate helfen zu begreifen, dass sein Wunsch nach Abstand nicht gegen sie gerichtet ist, sondern dass ihr Freund Bedürfnisse hat, die er mit ihr nicht erfüllen kann und auch nicht will. „Ich habe auch Bedürfnisse – ich habe auch Gefühle – ich habe auch Rechte." Da Andreas sich auf diese Weise für sie deutlich macht, kann Renate seine Bedürfnisse nicht weiter ignorieren oder „unterbügeln". Auch wenn sie seinen Wunsch nach Abstand nicht teilt, fängt nun sie an, ihn zu akzeptieren.

Was ihr dies erleichtert ist, dass sie ihren Freund jetzt spüren kann. Er hat sich auf eine Auseinandersetzung mit ihr eingelassen und ihren Bedürfnissen seine Bedürfnisse offen und direkt entgegengesetzt. Er hat sich nicht auf verbale Gefechte zurückgezogen, sondern war durch seinen Ärger und seine Entschlossenheit emotional präsent. Weil er klar und direkt war, hat er auch nicht den Eindruck erweckt, er wolle sich von Renate oder der Beziehung lösen.

„Es passiert mir leider immer wieder, dass ich gar nicht merke, wann es mir zu eng wird. Ich müsste ihr viel öfter mitteilen, wann ich mich bedrängt fühle und Abstand brauche. Oft hat sie gar nichts gemacht, da sitzt sie nur im gleichen Zimmer, und schon wird mir die Luft knapp. Dann werde ich unwirsch und sie versteht es nicht. Wenn ich ihr in dem Augenblick von meinen Beklemmungen erzählen könnte, das würde uns helfen."

Für sie wird der Mann deutlich, wenn er seine Gefühle kommuniziert. Für die Frau deutbar zu sein heißt, ihr emotional standzuhalten und ihren Gefühlen die eigenen Gefühle entgegenzustellen. Dabei geht es nicht darum, die Gefühle zu zeigen, die die Frau fordert. Es geht darum, die eigenen Emotionen in die Auseinandersetzung einzubringen – ob sie der Frau gefallen oder nicht.

Empörung und Wut des Mannes

Seine Gefühle zu zeigen kann natürlich auch bedeuten, sich zu empören. Empörung ist oft das erste bewusst wahrgenommene Gefühl des Mannes, denn in Empörung ist seine Auflehnung gegen die Forderungen der Frau enthalten. In dieser Empörung oder Wut liegt die Kraft zur Befreiung aus Enge und Umklammerung.

Seine Gefühle zeigen mag also einmal heißen, offen wütend zu werden. Dabei kann der Mann aber nicht stehen bleiben. Hinter Wut sind immer andere Gefühle verborgen, denn Wut ist ein sekundäres Gefühl. Wut entsteht als Reaktion auf enttäuschte Erwartungen, Sehnsüchte oder Bedürfnisse.

Verletztheit

Gefühle zeigen kann auch bedeuten, traurig zu sein, in aller Ruhe und Empfindsamkeit mit ihr zu sprechen, die eigene Betroffenheit zu äußern, deutlich zu machen, „was es mir ausmacht, so behandelt zu werden".

Seine Verletztheit, also die Wunden seines Herzens, aufzudecken ist der schwierigste Teil für den Mann, denn dies bedeutet ja auch die Aufgabe des Selbstbildes vom starken, unverletzlichen Mann.

Wie auch immer, auf jeden Fall heißt deutlich-sein dazu zu stehen, dass „ich auch Gefühle habe", dass „ich nach anderen Regeln funktioniere und Zeit brauche, mir über mich klar zu werden", dass „ich etwas anderes brauche, als du es willst". Deutlich-sein konnte der Mann in seiner Kindheit nicht lernen, weil sein Vater ihn darin nicht unterstützte und seine Mutter ihn daran hinderte.

Wenn es dem Mann gelingt, deutlich aufzutreten, kann und will die Frau seine Gefühle nicht ignorieren, denn jetzt hat sie etwas, woran sie sich orientieren kann: einen spürbaren, präsenten Mann, ein anfassbares Gegenüber.

Einen Mann, der auch einmal eine Tür zuschlägt, wenn er bisher kontrolliert war, der auch einmal ärgerlich ist, wenn er bisher immer vernünftig war, der sich auch einmal empört, wenn er bisher verständnisvoll war, der vielleicht auch einmal über den Ausbruch seiner Gefühle lachen oder sich über seine eigene emotionale Intensität wundern kann.

Das Schweigen des Mannes wertet die Frau oft als Zeichen dafür, dass er keine Gefühle hat. Doch weit gefehlt! Der Mann hat der Frau den Gefühlsbereich überlassen; die Frau hat sich dort ausgebreitet und hält diesen Bereich besetzt. Der Mann kann aber jederzeit den Platz im Gefühlsbereich einnehmen, der ihm zusteht, und den Alleinanspruch der Frau auf Gefühle zurückweisen.

Allerdings bekommt er seine Hälfte des emotionalen Raumes der Beziehung nicht geschenkt – er wird sie sich erobern müssen.

Emotionale Stärke

Wenn es dem Mann gelingt, deutlich zu werden, was zugleich bedeutet, für seine Bedürfnisse einzustehen und diese zu behaupten, lässt er allmählich die Vorstellung los, für das Glück seiner Frau allein verantwortlich zu sein. Vielmehr übernimmt er die Verantwortung für die eigenen Gefühle und gewinnt Vertrauen in die Fähigkeit, sich von der Frau und ihren mächtigen Gefühlen abzugrenzen.

Das Ergebnis, wenn es ihm gelungen ist, für die Frau deutlich zu sein, ist emotionale Stärke. Diese Stärke ist für die Fähigkeit zu lieben unbedingt erforderlich, denn sie erlaubt dem Mann, sich wieder mehr auf die Frau und das Abenteuer Liebe einzulassen.

Wenn er selbst emotional stark ist, kann die Frau den Mann nicht „ausplündern", nicht „aussaugen" oder „festhalten". Dann verschwindet seine Angst vor der dunklen, emotionalen, verschlingenden Seite der Frau.

Die Aufgabe der Frau

Sich abzugrenzen, sich vom Mann abzuwenden und sich ihren wirklichen Bedürfnissen zuzuwenden erfordert von der Frau den Mut, sich abzugrenzen.

Eine Klientin beschreibt diese leidvolle Situation sehr plastisch. *„Ich fühle mich ihm gegenüber wie ein offener Halbmond. Nach hinten bin ich rund, aber zu ihm hin bin ich immer offen. Ich schaffe es einfach nicht, ihn zu lassen."*

Tatsächlich können sich viele Frauen sich in der Nähe zum

Mann nur schwer abgrenzen. Sie halten sich offen, sind bemüht und warten. Wenn die Frau aber begreift, dass „es so nicht geht", dass „ich mich verstricke", dass „ich tun kann, was ich will und sich doch nichts ändert", dass, „so sehr ich mich bemühe, er doch nicht aufmacht", tauchen starke Gefühle der Verzweiflung und Wut auf.

Verzweifelte Wut

Nachdem Isabel einige Monate unter der Zweideutigkeit ihres Freundes gelitten hat und ihre Versuche zur Klärung der Situation scheiterten, gerät sie in einer Einzelsitzung außer sich. Sie tobt und brüllt: *„ Was bildet sich der Kerl eigentlich ein. Ich bin doch nicht seine Dienerin oder sein Bettmädchen, nach dem er nur zu pfeifen braucht, wenn es ihn juckt!"*

Isabel macht sich Luft und lässt ihrer Wut freien Lauf. Dabei schimpft sie auf ihren Freund und würde ihm – wäre er anwesend – sicherlich eine saftige Szene machen. Ihre Wut taucht in Form von Verzweiflung auf, als „blinde Wut", als gegen den Freund gerichtete Emotion.

An diesen Punkt gelangen viele Frauen. Sie haben alles getan, alles versucht, und es hat nichts genützt. Irgendwann platzt ihnen der Kragen und ihre Wut überrennt sie, macht sie „ohnmächtig". Dann produzieren sie Szenen. Diese Form der Wut möchte ich verzweifelte Wut nennen. Sie wird Instrument im Empfindsamkeitstest und trägt zur Zerstörung der Beziehung bei.

Gerichtete Wut

Die bessere Alternative für die Frau heißt jedoch nicht, ihre Wut zu unterdrücken, sich weiter zusammenzureißen, wieder einmal „brav" zu sein und zu warten, sie heißt „gerichtete Wut".

Betrachten wir, wie Isabel zu dieser Form der Gefühlsäußerung findet. In der Einzelsitzung gestattet sie sich, weiter und ohne Hemmungen auf ihren Freund zu schimpfen. Die große emotionale Ladung baut sich ab und langsam beginnt sie, klarer zu sehen. Ihr Freund gerät dabei aus ihrem Blick und ihr eigenes Verhalten rückt in den Vordergrund.

„Ich sitze wirklich da und warte, dass er sich meldet. Ich komme mir vor wie bestellt und nicht abgeholt. Ich komme mir total verarscht vor. Ich muss wirklich verrückt sein. Ich benehme mich ja wie seine Dienerin. Kein Wunder, dass ich mich so fühle. Wenn der Herr ruft, eile ich zu ihm. Es ist wirklich lächerlich, was ich alles mitmache. Das hört jetzt auf. Ich lass mich nicht mehr erniedrigen, ich lass mir das nicht mehr gefallen. Schluss, aus, vorbei. Soll er doch sehen, wo er bleibt!"

An diesem Punkt schwenkt die Wut Isabels, die bisher gegen ihren Freund gerichtet war (Du bist schlecht, du bist feige) um in „ICH lasse mir das nicht mehr gefallen. ICH warte nicht mehr auf ihn. ICH bin mir zu schade für so eine Behandlung".

Aus dem „Du bist …" wird ein „Ich mache …". Was ihr zu dieser Umkehrung verhalf, war, dass Isabel ihre Gefühle nicht länger unterdrückte und nicht weiterhin versuchte, lieb und verständnisvoll zu sein. Sie hat ihre Gefühle gelebt, und das ist wichtig, denn zurückgehaltene Gefühle können krank machen. Allerdings hat sie diese Gefühle auch nicht blind gegen ihren Partner gerichtet. Stattdessen hat sie deren Kraft für sich selbst genutzt.

Handeln: Das Ende des Wartens

Wenn die Frau die Kraft, die in ihrer Wut steckt, für sich selbst und nicht gegen den Mann gebraucht, wird aus dem Zerstörungsmittel „Wut" das Selbstbehauptungsmittel „Wut". Dann findet die Frau die Kraft, ihre eigenen Bedürfnisse zu würdigen und hört auf, diese den Bedürfnissen des Mannes unterzuordnen.

Da die Kraft der Frau zu einem großen Teil in ihrer unterdrückten Wut verborgen liegt, ist es für sie eine wertvolle

Erfahrung, ihren Hass oder ihre Wut zu berühren. Dafür ist es nie zu spät, also auch dann nicht, wenn das erst nach einer großen Trennung geschieht.

Gertrud ist in dieser Lage, denn ihr Mann hat sich von ihr getrennt. Obwohl sie sich in der Beziehung zu ihm als abhängige und hilflose Frau erfahren hat, ist sie bis zum bitteren Ende bei ihm geblieben. In ihrer Erinnerung nimmt sie ihm vieles übel.

„Er übernahm keine Verhütung, daher musste ich dreimal abtreiben. Jedes Mal wurde ich schwer vor Trauer wie ein Stein. Zum Schluss habe ich sogar für ihn die Sterilisation übernommen. Eine schreiende Ungerechtigkeit, denn er wollte keine Kinder."

Nach zwölf Jahren Ehe trennt sich der Mann von ihr. Gertrud bricht zusammen. In den darauf folgenden Wochen des Schmerzes und der Einsamkeit bekommt sie endlich Kontakt zu ihrer Wut.

„Mein Hass auf ihn ist ungeheuer groß geworden. Schon zehn Tage nach der Trennung wohnt seine Freundin bei ihm, von der er mir immer vormachen wollte, sie würde keine wesentliche Rolle für ihn spielen. Jetzt sitzt sie in unserem Haus am selben Platz, an dem ich sonst saß."

Gertrud erkennt allmählich, wie viel sie sich gefallen ließ, wie sehr sie sich zurückgenommen und angepasst hat. Als sie realisiert, dass *„ich selbst blöd genug war, das so lange mitzumachen"*, schlägt ihre Verzweiflung in Zorn um. Im Ausdruck ihrer Wut gewinnt sie ihre Kraft allmählich zurück.

„Ich bin bitter, wütend, aber auch lebendiger als je zuvor, voll Angst und Hass und zugleich auch voll Zuversicht für mich." Die Zuversicht Gertruds besteht in dem Entschluss, sich „nie mehr wieder derart aufzugeben". Gertrud hat durch die Tür der Wut Zugang zu ihrer Kraft gefunden.

Der Wert von Wut und Aggression wird deutlich, wenn

man sich vorstellt, dass es unmöglich wäre, Wut zu empfinden. Dann könnte man sich niemals wehren und wäre anderen Menschen ausgeliefert. So fühlt sich die Frau in der Beziehung oftmals. Das ist kein Wunder, wenn wir uns vor Augen halten, wie sehr Mädchen im Gegensatz zu Jungen schon in frühester Kindheit von Aggression abgehalten und zu „bravem" und „liebem" Verhalten motiviert werden.

Wut ist Kraft. Zielgerichtete Kraft ist Handlung. Mit der Kraft ihrer Wut kann die Frau den Schritt zum Handeln machen und sich wirksam abgrenzen. Handeln ist das Ende des Wartens, das Ende des Bemühens, das Ende der Verzweiflung und der Beginn einer Abgrenzung von alten, selbstschädigenden Verhaltensweisen.

Handeln kann heißen, den Mann zu lassen, ihn *notfalls* zu verlassen, sich anders um die eigenen Bedürfnisse zu kümmern als vorher. Seine Wäsche nicht mehr zu waschen, sein Essen nicht mehr zu kochen, Geld für sich selbst auszugeben, eine eigene Arbeit zu finden. Handeln sollte heißen, die eigenen Bedürfnisse ernst zu nehmen.

Ihre Fähigkeit zu warten und ihre Bereitschaft zur Selbstaufgabe haben es der Frau unmöglich gemacht, den Mann zu lassen. Sie konnte das nicht, denn sie glaubte, ER wäre alles, was sie will und braucht. Das Bild ihres Traummannes verband sie mit dem realen Mann wie ein Klebstoff. Abgrenzung ist die Kraft, die diesen Klebstoff lösen kann. Wenn die Frau aufhört zu warten, beginnt sie zu handeln.

Dann setzt sie sich und ihre Bedürfnisse ins Zentrum ihrer Bemühungen. Das bedeutet erst einmal herauszufinden, was sie wirklich will. Wenn die Frau entdeckt, was sie wirklich will, was sie ganz genau will, was das konkrete Bedürfnis ist, das sich hinter dem Sammelbedürfnis ER verbirgt, gewinnt die Frau die Freiheit der Wahl, denn das jeweilige konkrete Bedürfnis kann nicht nur ER erfüllen.

Berater: *„Wie wurde es möglich für dich, ihn zu lassen?"*

Marlene: „*Zuerst fiel mir auf, dass ich ihn nie vermisst habe, wenn es mir gut ging. Wenn es mir schlecht ging, habe ich mich nach ihm gesehnt. Dann habe ich gemerkt, dass es nicht so sehr um ihn geht, sondern dass ich etwas ganz Bestimmtes brauche. Mal will ich mit jemand zusammen sein, mal kuscheln, mal mich unterhalten, mal einfach nicht allein sein.*"

Berater: „*Wie hast du realisiert, dass ER nicht dein eigentliches Bedürfnis ist?*"

Marlene: „*Als ich mich auf einen anderen Mann eingelassen habe und von ihm das bekam, was ich brauchte. Das hat meine Illusion zerstört, nur ER könnte es mir geben.*"

Berater: „*Wie konntest du dich auf einen anderen Mann einlassen? Was hat dir den Anstoß dafür gegeben?*"

Marlene: „*Als mir klar wurde, dass ich ein Leben lang warten und versauern kann. Ich wollte alles von meinem Mann haben, er sollte meine Bedürfnisse befriedigen, mit mir in Urlaub fahren, mir Blumen schenken, mit mir schlafen. Dann habe ich mich dafür abgestrampelt, es von ihm zu kriegen, aber es nie so bekommen, wie ich es wollte. Ich hatte einfach die Nase voll davon, zu verzichten. Jetzt merke ich, dass es viel einfacher ist, mir das was ich brauche da zu holen, wo ich es haben kann.*"

Neue Identität

Wenn die Frau die Handlungsbarriere durchbricht, ist sie bereit, sich auf die Erfahrungen und Gelegenheiten einzulassen, die die Welt für sie bereithält. In dieser Umorientierung relativieren sich die Gefühle der Fixierung auf einen Mann. Dann lässt sie die Vorstellung von dem Mann, der ihr alles geben kann, los und sucht ihre Identität in ihrer eigenen Kraft.

Wenn es der Frau gelungen ist, den Mann zu lassen und trotzdem ihre Bedürfnisse zu erfüllen, stellt sich als Ergebnis emotionale Unabhängigkeit ein. Wie die neuen Möglichkeiten der Bedürfnisbefriedigung konkret aussehen, ist nicht vorauszusehen. Die Spur der Lust kann die Frau ins Kino, auf eine Reise, ins Unbekannte führen – oder zu einem anderen Mann.

Natürlich ist es schwer, die Konditionierung des Wartens und Verzichtens aufzulösen. Und doch gibt es keinen anderen Weg. Wenn die Frau erfährt, dass die Welt voller Möglichkeiten ist, verändert sich ihre Mangelwahrnehmung in eine Wahrnehmung von Alternativen. Dann kann sie die quälende Suche nach dem Ideal, nach dem, was mit einem Mann sein könnte, abbrechen und sich auf das einlassen, was ist – und wird vielleicht feststellen, dass es auch eine ganze Menge schöner Dinge gibt, die sie mit ihrem Mann verbinden und darüber hinaus so viele mehr …

Es braucht Zeit, manchmal viele Jahre, und viel Aufmerksamkeit und Liebe für sich selbst, um den Weg der Lust gehen zu können. Allerdings trifft dies auch auf den Mann zu – auch er braucht Zeit und oftmals Unterstützung. Wenn die Partner es von selbst und ohne Anstoß von außen könnten, hätten sie die Spur der Lust längst aufgenommen. Dann hätten sie die Spaltung aufgehoben, die Mann und Frau trennt, und die Fähigkeiten zurückerobert, die sie seit Jahrtausenden dem anderen Geschlecht überlassen haben.

Der Lohn der Lust

Der Spur der Lust zu folgen befreit Männer und Frauen aus dem Gefängnis der Enge und des Mangels.

Die Alternative für viele Männer heißt: nicht aufge ben, nicht einbunkern, nicht

Die Alternative für viele Frauen heißt: nicht hinter dem Mann herlaufen, ihn abschotten, sondern der Lust folgen, die eigenen Gefühle entdecken, das Recht auf diese Gefühle behaupten und damit das Recht auf die eigene Verletzlichkeit in Anspruch nehmen.

Die Alternative für den Mann bedeutet, das zu tun, was die Frau wie selbstverständlich macht: Gefühle entwickeln, äußern, zeigen und behaupten.

Wenn der Mann sich der Frau emotional präsentiert und zu seinem Herzen steht, kann er den Gefühlen der Frau seine eigenen Gefühle gegenüber stellen. Dann steht er nicht mehr mit leeren Händen vor ihr.

Die Alternative für den Mann heißt, die weiblichen Fähigkeiten in sich entwickeln: den Zugang zu Gefühlen und die Behauptung dieser Gefühle im Kontakt mit der Partnerin.

nicht bedrängen, sondern sich von ihm abwenden, die eigene Lust unabhängig vom Mann entdecken, sich an den eigenen Bedürfnissen orientieren und trotz auftauchender Ängste diesen Weg gehen.

Wenn die Frau sich um sich selbst kümmert, nimmt sie Abstand vom Mann. Dann hat sie die Möglichkeit, sich in andere Bereiche des Lebens zu begeben und Bestätigung und Zuwendung dort zu finden.

Die Alternative für Frauen heißt, zu tun, was Männer wie selbstverständlich tun: Sich ganz den eigenen Bedürfnissen zuzuwenden und entsprechend diesen Bedürfnissen zu handeln.

Die Alternative für die Frau heißt, die männlichen Fähigkeiten in sich zu entwickeln und dadurch Zugang zur handelnden Kraft, zur Tat finden.

In der Alternative „Lust/Freude" entwickeln Mann und Frau die verkümmerten Seiten ihres Selbst.

Der Mann findet Zugang zu seiner weichen, weiblichen Seite, quasi zur Frau in sich. Er entwickelt die

Die Frau entwickelt ihre starke, unabhängige Seite, quasi den Mann in sich. Sie entwickelt die Überzeu-

Überzeugung: Ich darf fühlen!

gung: Ich komme allein
durch!

Diese Seiten der Persönlichkeit warten seit der Kindheit auf Befreiung. Seit der Zeit, da Junge und Mädchen lernten, sich entsprechend ihres Geschlechts auf eine von Erwachsenen vorgelebte Weise zu verhalten, sind sie innerlich gewissermaßen „halb". Nun kann der Mann jenen Teil seines Selbst entwickeln, den er seinem „Mann-Sein" geopfert hat, und die Frau jenen Teil ihres Selbst, den sie ihrem „Frau-Sein" opferte. Mit der Entwicklung der Qualitäten des anderen Geschlechts heilen Mann und Frau zugleich die Wunden des Geschlechterkampfes, denn:

Die Partner können die Tür des Gefängnisses, in dem ihre weichen, respektive starken Seiten eingesperrt sind, aufschließen. Diese Tür heißt Angst. Der Schlüssel, der sie öffnet, ist die Lust.

Die Erfahrungen innerhalb meiner Partnerschaftsberatung sowie auch meine persönliche Erfahrung haben mich gelehrt: Wenn Partner konsequent der Spur ihrer Lustimpulse folgen, hören sie auf zu kämpfen und schaffen Raum für Liebe. Sie treiben den Partner nicht von sich fort, sondern geben ihm Raum. Sie gestalten eine Partnerschaft, in der Orientierung und Liebe in Freiheit möglich werden.

Befreite Sexualität

Die Realität im Bett: männlich orientierte Sexualität

Um den Zwiespalt zwischen dem eigenen Wunsch nach körperlicher Befriedigung und der eigenen Angst vor Enge bzw. Mangel zu überbrücken, schließen Mann und Frau auch im Bett Kompromisse zwischen ihren Bedürfnissen und Ängsten.

Der Mann wird zum „schnellen" Mann.

Die Frau wird zur erduldenden Frau.

Langsam, aber sicher wird der Sex der Partner zu einer

Routine, die an den vermeintlichen Bedürfnissen des Mannes orientiert ist. Die Akte werden kürzer und passen sich der Erregungskurve des schnellen Mannes an. Die Frau gibt sich nicht mehr hin, sie gibt sich her. Im männlich orientierten Sex läuft die Frau Gefahr, sich dem Mann zur Verfügung zu stellen.

Ingrid: „Ich glaube, dass ich mich schwanzfixierter verhalte, als es meinem Gefühl entspricht. Dass ich auf seine Art Sex einsteige und mir seine Befriedigung wichtiger ist als meine."

Inga: „Es war mir immer wichtiger, dass er zufrieden ist. Irgendwie ist sein Orgasmus zum Maßstab geworden."

In *seiner* Befriedigung sucht die Frau die Bestätigung, eine attraktive, liebenswerte, begehrenswerte Frau zu sein. Doch die Befriedigung des Mannes verdient es nur scheinbar, als solche bezeichnet zu werden. Die Frau glaubt zwar, den männlichen Orgasmus herbeizuführen und den Mann zu befriedigen.

Aber wir sollten die emotionsarme Entladung des Mannes als das bezeichnen, was sie oft ist: als schlichten (Samen)-Erguss. Allein die Tatsache, dass ein Erguss nach fünf oder zehn Minuten geschieht, macht ihn noch nicht zu einem orgiastischen Erlebnis.

„Der Orgasmus des Mannes ist ein tiefes und wunderbares Erlebnis: Aus ihm folgen oft ernsthafte Erwägungen, was als Nächstes zu tun ist."[5]

Männliche Hingabe:
unerfüllte sexuelle Bedürfnisse des Mannes

Weil die männliche Sexualität leistungsorientiert ist, bleibt der Mann zwangsläufig unbefriedigt. Von den beiden Möglichkeiten sexuellen Verhaltens, der Aktivität und der Rezeptivität, steht ihm gewöhnlich nur eine zur Verfügung: die Lust, sexuell aktiv zu sein. Er kann „tun" und „machen". Leider ist der Mann nicht bloß aktiv, er ist überaktiv. Er „arbeitet" dabei. So sehr, dass er oft kaum noch genießen kann.

Zwei Dinge machen es dem Mann schwer, sich auf eine sinnlich-symbiotische Verbindung mit der Frau einzulassen: sein Selbstverständnis und seine Angst vor Nähe. Er will Mann sein, „stark" sein, will die Verbindung unter halten und fürchtet, in der Symbiose unterzugehen. Doch gerade weil er selten loslässt und sich kaum in eine Symbiose eintauchen lässt, wird er Opfer seines Dranges nach Verbindung. Er wird der schnelle Mann.

Während ich diese Zeilen schreibe, frage ich mich, wie viele Männer sich im Klaren sind, unter welchem Leistungsstress sie im Bett stehen. Das zu fühlen fällt uns Männern besonders schwer, weil unser Kontakt nach innen nicht gut funktioniert und die aufgestaute Unzufriedenheit, bemerkbar als sexuelle Gier, uns unsensibel macht. Manchmal muss ein Mann schon viele Jahre im Bett „geackert" haben, bis ihm die Schuppen von der Seele fallen.

Hans: „Früher habe ich so unter Druck gestanden, dass ich nicht ohne Erektion neben einer Frau liegen konnte. Als sich das legte, versuchte ich, meiner Freundin wenigstens zwei Orgasmen zu verschaffen, wenn wir zusammen waren. Dann schliefen wir irgendwann zusammen, und sie flüsterte mir ins Ohr 'Ja-komm-komm'. Es sollte mich anfeuern, mich animieren, zum Orgasmus zu kommen. In dem Augenblick habe ich gemerkt, dass sie in Wirklichkeit meint: 'Bring es endlich hinter dich – bring es zu Ende'."

Diese Erkenntnis schockt Hans. Er will sich nicht weiter abstrampeln. Er folgt dem Impuls aufzuhören. Die Lust des Mannes, seine ersten und unmittelbaren Impulse, wenn er feststellt, wie sehr er unter Druck steht, zeigen auch in der Sexualität die neue Richtung an.

Martin: „Ich habe einfach keine Lust, für ihre Befriedigung zu sorgen. Entweder ich habe Lust auf sie, dann will ich auch mit ihr schlafen, oder ich habe keine Lust, dann stehe ich auch nicht zur Verfügung. "

Günther: „Ich sehe gar nicht ein, dass ich immer zuständig sein soll. Wenn sie wirklich so scharf darauf ist, soll sie doch die Initiative ergreifen. "

Diese Männer möchten „einfach nur mal da sein können", mal „verführt werden" und „nicht immer alles in die Hand nehmen müssen". *„Einfach mal mittendrin aufhören und sagen: So, das war's, ich will nicht mehr. "* Einfach mal aufhören können, die „Nummer" nicht immer bis zum Ende durchziehen, ohne vor sich selbst als Versager dazustehen – das allein wäre schon ein riesiger Schritt für den Mann. Aufhören, fühlen, entspannen – der Frau die Führung überlassen. Das ist die unerfüllte Lust des Mannes, die Lust der Rezeptivität und Hingabe.

Doch diese Hingabe ist nicht problemlos möglich, denn wenn er seiner Lust folgt, tauchen die Dämonen der Angst auf.

Lust – die Initiative ihr zu überlassen.

Angst – als jemand zu erscheinen, der nichts leistet, als schwach.

Lust – nach einer Weile aufzuhören oder eine Pause zu machen, obwohl kein Erguss stattfand.

Angst – als jemand zu erscheinen, der nicht kann – ein Versager zu sein.

Lust – einfach nur bei der Frau zu liegen, zu spüren, zu entspannen.

Angst – dafür verantwortlich zu sein, dass „nichts geschieht".

Lust – einmal weich zu sein, sich in ihre Arme zu legen.

Angst – als Schwächling zu erscheinen. Angst vor Ablehnung.

Weibliches Begehren:
unerfüllte sexuelle Bedürfnisse der Frau

Weil die Sexualität der Partner oft männlich orientiert, auf den sogenannten Orgasmus des Mannes fixiert ist, bleibt die Frau oft unbefriedigt. Auch ihr steht von den beiden Möglichkeiten sexuellen Verhaltens, der Aktivität und der Rezeptivität, nur eine vollständig zur Verfügung: die Lust, sexuell rezeptiv zu sein. Die Frau kann geschehen lassen, aufnehmen, zulassen. Doch oft ist die Frau nicht rezeptiv, sondern passiv.

Anne: „Ich lag da und dachte: Mein Gott, warum passiert das nicht? Ich ging davon aus, wenn mich jemand liebt, passiert es von selbst. Er müsste doch wissen, was ich will."

Claudia: „Ich habe immer gedacht, wenn er in mir drin ist und ordentlich rum macht, werde ich schon einen Orgasmus bekommen. Dabei geht es mir gar nicht so sehr um einen Orgasmus. Ich suche viel mehr Zärtlichkeit und Sensibilität. Ich sehne mich nach etwas Weichem und Fließendem."

Indem die Frau darauf verzichtet, den sexuellen Kontakt zu gestalten, verzichtet sie auf die Erfüllung ihres Begehrens. Der schnelle, drängende Mann macht es ihr zudem schwer, dieses Begehren zu entdecken, denn er ist immer schon da, bevor die Frau Zugang zu ihrer verdrängten und geleugneten Lust finden kann.

Wieso ist die Lust der Frau unterdrückte, wenn sie sich bemüht, den Mann zu befriedigen? Wenn sie ihm geben will, was er vermeintlich braucht? Wenn sie sich passiv verhält im Glauben, rezeptiv zu sein? Wenn nicht passiert, worauf sie wartet? Was sind ihre körperlichen und emotionalen Impulse in diesem Augenblick des Mangels?

Claudia: *„Ich würde ihn einfach stoppen. Sagen: Halt, so geht das nicht!"*

Berater: *„Was dann?"*

Claudia: *„Dann würde ich ihm zeigen, wie ich es will."*

Berater: „*Wie würdest du ihm das zeigen?*"

Claudia: „*Ich würde es ihm sagen und nichts mit mir machen lassen, was mir nicht gefällt. Ihn notfalls aus dem Bett werfen.*"

Die Frau möchte den Ablauf des intimen Zusammenseins gestalten, an der Erfüllung ihrer Lust aktiv mitwirken. Sie möchte sich nicht mehr ganz dem Mann überlassen, sondern übernehmen, sich nehmen, was sie braucht. Doch obwohl die Frau weiß, dass sie sich gegen den schnellen Mann durchsetzen möchte, traut sie sich das oft nicht, denn auch bei ihr tauchen auf dem Weg der Lust die Dämonen der Angst auf.

Lust – einzugreifen: Fass mich da an, mach es so…
Angst – dass er mich ordinär findet. Angst vor Ablehnung.

Lust – sich gehen zu lassen, ihn zu nehmen.
Angst – dass er vor meiner Kraft Angst bekommt.

Lust – in seiner Gegenwart zu onanieren.
Angst: – ihm etwas wegzunehmen, ihm zu zeigen, dass ich ihn dafür nicht brauche. Oder die Scham, zur eigenen Lust zu stehen.

Erweiterung: eine weiblich orientierte Sexualität

Ihre Lust in die Sexualität einfließen zu lassen, fällt den Partnern nicht leicht. Es fehlt ihnen der Mut, weibliche Qualitäten in der Sexualität zuzulassen. Diese könnten die Fixierung auf den Orgasmus aufheben. Kehren wir für einen Augenblick zum Orgasmus zurück. Ich möchte den Begriff „Orgasmus" nicht definieren. Mich interessiert, was Menschen im Orgasmus suchen oder finden.

„*Fließen, loslassen, einfach nicht da sein.*"

„*Ich bin dann ganz weg. Ich löse mich auf.*"

„*Da sind keine Grenzen mehr, dann gibt es mich nicht mehr.*"

„Ich verschmelze, alle Grenzen verschwinden."

„Ich mache einen Sprung, es wirft mich weit aus mir raus."

Das suchen Menschen im Orgasmus: Loslassen. Aufgeben der Kontrolle des Verstandes über den Körper und die Gefühle. Hingabe an das sinnliche Erleben des Augenblicks. Über die Grenzen des Ich hinaus gelangen. Grenzenlosigkeit.

Sexualität ermöglicht die sinnlich intensivsten Augenblicke des Lebens, denn alle Sinne sind an der Verbindung zum Partner beteiligt. Sexualität kann die Erfahrung vermitteln, sich ohne Rückhalt, ohne störende Gedanken, ohne die Schatten der Vergangenheit oder der Zukunft zu erfahren. Das Erlebnis, sich für Momente *ganz* zu empfinden.

Wenn sexuelle Kontakte zu solchen Erlebnissen führen, kann man von orgiastischen Begegnungen sprechen. Dann kommen die Partner in tiefer Befriedigung aus der Begegnung mit dem Partner hervor. Dann haben sie Zugang zu einem Frieden, einer Stille in sich gefunden, die im alltäglichen Erleben verschlossen bleibt.

Eine orgiastische Begegnung unterscheidet sich vom Orgasmus. Sie lebt von der Dichte und der Intensität des liebevoll-körperlich-emotionalen Kontaktes der Partner, von der Vereinigung von Sexualität *und* Herzlichkeit. Sich Zeit lassen, Entspannung, Freundlichkeit und Ziellosigkeit während des sexuellen Zusammenseins sind Ausdruck einer solchen, weiblich orientierten Sexualität.

> Eine orgiastische Verbindung kann geschehen, wenn man die einseitig männliche Sexualität um die Dimensionen weiblich orientierter Sexualität erweitert.

Auch in ihrer Sexualität müssen Partner sich früher oder später fragen: „Folgen wir unserer Lust oder sind wir unserer Angst unterworfen?" Ebenso wie in den übrigen Bereichen gibt es in der Sexualität keinen Weg um die Angst herum.

Verständigung

Es gibt jedoch einen Weg durch die Angst hindurch, einen Weg, der Angst auflösen kann. Dieser Weg ist im Bett der gleiche wie außerhalb des Bettes. Er heißt Kommunikation. Partner können Angst bannen, indem sie kommunizieren, und sie können Lust einbringen, indem sie diese mitteilen.

Im Bett wird gewöhnlich weniger explizit kommuniziert als in anderen Bereichen der Beziehung. Im Bett herrscht meist Schweigen. Kommunikation bedeutet, Angst und Lust mitzuteilen, kann bedeuten, miteinander zu sprechen, auch wenn die Partner miteinander schlafen.

Miteinander sprechen, während sie miteinander schlafen, kann Partnern dabei helfen, ihre sexuellen Vorlieben und Ängste kennen und verstehen zu lernen. Die Partner können alles aussprechen, was gerade geschieht und was sie fühlen.

- „Ich brauche es anders."
- „Ich fühle mich jetzt unter Druck."
- „Ich wünsche mir, dass du mal … machst."
- „Das gefällt mir jetzt nicht."
- „Das ist schön, mach das weiter."
- „Ich spüre keine Lust mehr bei mir."
- „Ich merke gerade, dass ich mich anstrenge."
- „Lass uns eine Pause machen."
- „Ich möchte aufhören und einfach bei dir liegen."

Obwohl verbale Kommunikation im Bett ein Weg zu leichter und spielerischer Sexualität sein kann, fällt sie meist schwer.

Der Mann wird oft nicht merken, wenn er „arbeitet", und selbst wenn er es merkt, wird es nicht leicht für ihn sein, es vor sich zuzugeben.	Die Frau wird viel eher merken, wenn etwas für sie nicht stimmt. Aber es wird ihr sehr schwerfallen, auszusprechen, was genau sie braucht und will.

Schweigen im Bett kann zu fatalen Missverständnissen führen, wie das Beispiel eines Paares zeigt. Der Mann hatte geglaubt, „es" für seine Frau gut zu machen. In den Sitzungen erfuhr er jedoch, dass sie ihm jahrelang Orgasmen vorgetäuscht hatte. Seine Anstrengung und ihre Bemühungen waren umsonst gewesen. Obwohl jeder das Beste *für den anderen* wollte, hat niemand bekommen, was er *selbst wollte*. Diese Frustration hätten sich die beiden ersparen können – wenn sie sich in ähnlicher Weise mitgeteilt hätten, wie das folgende Paar es tut.

Heide und Gerd befinden sich mitten im Prozess der Kommunikation, der Grenzziehung auf sexuellem Gebiet.

Während einer sexuellen Begegnung möchte Gerd bei seiner Freundin eindringen. Heide flüstert ihm zu, er soll langsamer sein. Da Gerd nicht reagiert und weiterhin versucht, sein Ziel zu erreichen, wird Heide wütend und stoppt ihn. Gerd ist verwirrt und fragt, was er falsch macht. „Ich bin noch nicht so weit", ist die unmissverständliche Antwort seiner Freundin. Gerd schildert später, wie er diese erlebte:

„Ich spürte meine Lust und war bereit. Das Gefühl war so stark, dass es mir gar nicht in den Sinn kam, es könnte bei ihr anders sein. Erst als sie wütend wurde und mich wegdrückte, habe ich gemerkt, dass wir nicht auf der gleichen Wellenlänge lagen. Und erst als sie sagte: „Ich bin noch nicht so weit", habe ich verstanden, worum es ihr ging."

Wenn Partner die Kommunikation im Bett beginnen, wird der „normale" Ablauf ihrer Sexualität durcheinandergeraten. Sie werden Konflikte erleben und die Bedingungen, unter denen sie miteinander schlafen wollen, neu aushandeln. Doch bei aller Verunsicherung, die damit verbunden ist, diese Auseinandersetzungen lohnen sich für beide, denn sie beenden die Kompromisse, die ihre Sexualität erdrücken.

Hingabe und Begehren:
weibliche und männliche Qualitäten in der Sexualität

Wenn die stillschweigenden Kompromisse im Bett aufhören, wenn Mann und Frau nur miteinander schlafen, WANN und WIE jeder es will, wenn sie nicht „leisten" oder „ertragen", sind sie auf dem Weg zu einer Sexualität, die männliche und weibliche Seiten integriert.

Der Mann möchte entspannen, sich der Frau hingeben können. Die Frau möchte aktiv in das Geschehen eingreifen können, den Mann direkt und offen begehren. Darin besteht ihre Lust. Um dies Ziel zu erreichen:

braucht der Mann auch auf sexuellem Gebiet die Entwicklung seiner weichen, rezeptiven, weiblichen Seiten. Er braucht die Fähigkeit zur Hingabe. Er braucht , entspannt, ohne das Ziel OrgasMUSS in die Verbindung zu gehen. Er braucht es, die Frau die Führung übernehmen zu lassen.

braucht die Frau auch auf sexuellem Gebiet die Entwicklung ihrer aktiven, männlichen Seiten. Sie will direkt, aktiv werden. Sie will ihn stoppen, ihn leiten, ihm ihre Lust zeigen, die Initiative ergreifen, ihre eigene Lust uneingeschränkt mit in die Verbindung einbringen.

Indem die Partner ihre Lust entdecken und durchsetzen, wird das Ergebnis in jedem Falle eine Bereicherung sein.

Der Mann wird entdecken, wie sehr Frauen rezeptive Männer genießen.

Die Frau wird entdecken, wie sehr Männer aktive und initiative Frauen genießen.

Wenn Mann und Frau Rezeptivität und Aktivität integrieren, werden sie Sexualität im Kontext von Weite und Überfluss erleben. Diese Sexualität ist kein Geschenk. Diese Sexualität ist das Produkt des Mutes, den eigenen Ängsten zu begegnen, und der Konsequenz, zum ganzen Spektrum eigener Bedürfnisse zu stehen und diese in die sexuelle Beziehung einzubringen.

Emotionale Unabhängigkeit

Die Unabhängigkeit, auf die die Frage „Was tust du, wenn du ihn/sie nicht so sehr brauchst" abzielt, ist die Basis heutiger Liebe geworden. Vor zwanzig Jahren genügte es noch, vom „Alleinsein im Zusammensein" zu sprechen. Heute reicht das nicht mehr. Heute kommt es darauf an, Abstand *von* der Beziehung zu haben. Man braucht eine Vorstellung davon, wer man unabhängig vom Partner ist, um sich entsprechend abgrenzen zu können.

Der Mann wird niemanden auf sein Grundstück lassen, von dem er weiß, dass er ihn nicht mehr vertreiben kann. Er lässt niemanden in sein Herz, von dem er weiß, dass er sich dort ausbreiten und ihn ausbeuten wird.

Die Frau wird niemanden aus ihrem Haus lassen, wenn sie davon überzeugt ist, ohne ihn nur halb zu sein. Sie schickt niemanden aus ihrem Leben fort, der ihr die Sicherheit einer weiblichen Identität gibt.

Solange sie sich derart abhängig fühlen, werden die Partner kämpfen, um die Frau draußen zu halten oder den Mann drinnen festzuhalten.

Wenn der Mann aber weiß, dass er die Kraft hat, die Frau auch wieder wegzuschicken, wird er sie zu sich einladen, wird er sich auf das Wagnis zu lieben einlassen.

Wenn die Frau aber weiß, dass sie die Kraft hat, aus sich selbst sicher zu sein, wird sie den Mann gehen lassen, wird sie sich auf das Wagnis zu lieben einlassen.

Grundlegende Veränderungen in Beziehungen werden möglich, wenn Partner bereit sind, Risiken einzugehen. Das größte vorstellbare Risiko besteht darin, den Partner zu verlieren und allein zu sein. Das kann natürlich auch dann passieren, wenn Partner es gelernt haben, *deutlich zu sein* oder *zu lassen*. Die Liebe lässt sich kaum absichern; und wozu dieses Buch auffordert ist, sie nicht durch unnötige Kämpfe zu belasten.

So ist unter Umständen eine Trennung angebracht. Dann verliert man zwar einen Partner, aber einen Partner, mit dem man sich in endlosem Kämpfen aufreibt. Was ist mit Kindern? Machen sie es nicht schwerer? Wenn Eltern „wegen der Kinder" zusammenbleiben, sind sie ihren Kindern zweifelhafte Vorbilder. Denn dadurch lernen Kinder, dass Leiden und Aushalten, Erdulden und Ertragen zu Liebe und Beziehung gehören. Eltern können ihren Kindern stattdessen zeigen, wie sie trotz Angst dem folgen, was sie glücklich macht.

Trennung lässt sich nicht in jedem Fall verhindern. Wenn die Partner jedoch emotionale unabhängig sind, wenn sie trotz auftauchender Ängste und Zweifel der Spur der Lust folgen, zerstören sie die Liebe nicht mutwillig. Dann tun sie etwas, das die Reaktionen des Partners grundlegend verändert: Sie verhalten sich entgegen seiner Voraussagen, entgegen seinen Erwartungen.

Der Mann erlebt plötzlich eine Frau, die nicht hinter ihm herläuft, die ihn nicht bedrängt, die keine Rechenschaft fordert. Eine Frau die sagt: *„Hör zu, mein Freund, ich liebe dich. Aber ich habe keine Lust, um deine Liebe zu kämpfen. Wenn du mich nicht willst – o. k."*

Die Frau erlebt plötzlich einen Mann, der nicht unklar ist, der nicht lügt, der nicht flieht. Einen Mann, der sagt: *„Hör zu, DAS will ich und DAS will ich nicht. Ich bin nicht dein Idealbild, ich bin nicht dein Prinz, und ich möchte meine Liebe mit dir teilen."*

Wenn Partner sich konsequent so verhalten, wird sich früher oder später der Erfolg einstellen. Sie unterbrechen die Kette der Reproduktion von Enge und Mangel, und dann ergeben die alten Reaktionen aufeinander keinen Sinn mehr.

Es ergibt keinen Sinn für den Mann, sich zu wehren, wenn er nicht angegriffen, wenn er gelassen wird. Es ergibt keinen Sinn für den Mann, sich einzubunkern, wenn er offen zu seinem Bedürfnis nach Freiheit und Liebe steht und sich emotional behauptet.

Es ergibt keinen Sinn für die Frau, sich anzustrengen, wenn sie Eindeutlichkeit erfährt. Es ergibt keinen Sinn für die Frau, sich um den Mann zu bemühen, wenn sie Sicherheit aus sich selbst erfährt und sie die Möglichkeiten des Lebens ausschöpft.

Wenn Partner sich so verhalten, geraten die inneren Überzeugungen in Bezug auf den anderen ins Wanken. Jene Überzeugungen, die wir aus dem Kontext der Enge bzw. des Mangels gewannen und die uns glauben machten, der Partner „liebe uns nicht", er wolle uns „einengen" oder „wegschieben". Die alten Reaktionen, die ja Reaktionen auf diese inneren Überzeugungen waren, werden sinnlos. Zugleich mit unseren Reaktionen verändern sich auch unsere Erfahrungen.

Wenn der Mann gelernt hat, für die Frau deutlich zu sein, erfährt er sich als emotional stark/frei.

Wenn die Frau gelernt hat, ihn zu lassen, erfährt sie sich als emotional sicher.

Dann entsteht eine Erfahrung von Liebe auf dem Hintergrund von Unabhängigkeit. Dadurch verändert sich das Erleben der Liebe vollständig, denn die Partner:

- treffen andere Voraussagen,
- zeigen andere Reaktionen, und
- machen andere Erfahrungen.

Dann wird aus der Kette der Reproduktion von Enge und Mangel eine Kette zur Produktion von Weite und Überfluss. Betrachten wir, was die fünf Schritte, die wir bei der Herstellung von Erfahrungen durchlaufen, unter dem Vorzeichen der Unabhängigkeit entstehen lassen. Zuerst beim Mann:

1. Ereignis: Die Frau kommt auf ihn zu.

2. Deutung: Durch den Filter der Unabhängigkeit und emotionaler Stärke, der inneren Weite.

3. Überzeug.:   Sie sucht Kontakt.

4. Reaktion: Je nach seinem Bedürfnis nimmt er Kontakt auf oder er lehnt Kontakt ab und macht so seine Bedürfnisse deutlich.

5. Erfahrung: Weite. „Ich kann so oder so sein, ich kann lieben und allein sein. Ich kann die Frau annehmen und ich kann sie wegschicken. Ich kann ich sein."

Ein direkter Weg zur Erfahrung der Weite. Ein Weg, befriedigende Erfahrungen entstehen zu lassen. Auch bei der Frau funktioniert der Kontext Unabhängigkeit:

1. Ereignis: Der Mann wendet sich ab.

2. Bedeutung: Durch den Filter der Unabhängigkeit, der inneren Sicherheit.

3. Überzeug.:   Er braucht Abstand, er will jetzt nicht mit mir sein.

4. Reaktion: Sie lässt ihn und erfüllt – wenn sie will – ihre Bedürfnisse an anderen Orten oder auf andere Weise.

5. Erfahrung: Überfluss. „Was ich brauche, kann ich bekommen. Die Welt ist ein reicher und sicherer Ort."

Der Dreh- und Angelpunkt dieses neuen, veränderten Ablaufs findet sich im zweiten Schritt, dem Schritt, in dem Ereignisse gedeutet werden.

Jetzt bedeutet die Tatsache „Sie kommt auf mich zu" nicht mehr „Sie will mich bedrängen, ich muss aufpassen", sondern einfach „Sie will Nähe". Jetzt bedeutet die Tatsache „Er will allein sein" nicht mehr „Er liebt mich nicht" oder „Ich bin nicht gut genug", sondern einfach „Er will allein sein".

Wenn Liebe mit emotionaler Unabhängigkeit verbunden ist, geben die Partner ihren Handlungen eine ganz andere Bedeutung, einen anderen Sinn, als das im Kontext emotionaler Abhängigkeit geschieht. Erinnern wir uns daran: Menschen reagieren nicht auf das, was jemand sagt oder tut, sondern auf die Bedeutung, die sie dem geben, was er sagt oder tut.

Diese neue Bedeutung haben Partner vielleicht vom Verstand her schon verstanden. Aber nachdem sie durch den konfliktreichen Prozess der Selbstbehauptung ihrer Lust gegangen sind, nachdem sie gelernt haben, sich innerhalb der Beziehung zu trennen, ist die neue Bedeutung bis in die Tiefen der Gefühle vorgedrungen – und erst jetzt ist die Wahrnehmung wirklich verändert.

Nachdem Männer und Frauen auf wirtschaftlicher Ebene längst unabhängig voneinander geworden sind, ist emotionale Unabhängigkeit der nächste Schritt zur Umgestaltung ihrer Beziehungen, der nächste Schritt auf dem Weg zu einer Liebe, die sich auf der Freude am Zusammensein und nicht auf der Angst vor dem Alleinsein gründet.

Die Herausforderung für den Mann

Der Weg des Mannes zur Weite führt, grob skizziert, durch vier Phasen. Man begegnet:

1. Männern, die nicht wahrnehmen, was sie fühlen und wollen, und dies schon deshalb nicht äußern können.

Diese Männer fühlen nichts außer Enge und Beklemmung.

Ihre Aufgabe besteht darin, sich aus der Umklammerung durch die Frau zu lösen, damit sie ihre verdeckten Gefühle wahrnehmen können. Die Empörung gegen Einengung und Forderungen ist oft ein erster Schritt in diese Richtung.

2. Männern, die ihre Wünsche wahrnehmen, aber nicht wagen, ihre Gefühle auszudrücken oder ihren Wünschen nachzugehen.

Diese Männer leiden unter dem Zwiespalt zwischen Empfindung und Hemmung, zwischen den Impulsen, sich zu wehren und der Hemmung davor. Wenn sie genug geschmort und gelitten haben, werden sie erkennen, dass es keinen anderen Weg aus der Sackgasse gibt, als sich umzuwenden und der „Bedrohung Frau" entgegenzutreten. Dazu gilt es, ihren Mut sammeln und „aus sich herauskommen".

3. Männern, die fühlen, die sich trauen zu tun, wonach sie sich fühlen, dabei jedoch unter einem schlechtem Gewissen leiden.

Diese Männer leiden unter der Angst, verlassen zu werden. Ihr Gewissen flüstert ihnen zu: „Das hättest du besser nicht getan – wenn du sie verlierst, bist du selbst schuld!" Oft tun diese Männer heimlich, wonach sie verlangen und scheuen auf diese Weise die Konfrontation mit der Frau. In diesem Fall hilft nur eins: offen zu sich zu stehen, offen die eigenen Bedürfnisse innerhalb der Beziehung zu vertreten. Wenn sie sich auf Auseinandersetzungen einlassen, wird sich vieles klären. Auf jeden Fall werden sie lernen, zu sich zu stehen so wie sie sind.

4. Männern, die fühlen, die mutig sind und mit gutem Gewissen tun, wonach es sie verlangt.

Diese Männer können lieben und allein sein. Sicher hat ihnen diese Fähigkeit niemand in die Wiege gelegt. Sie haben sich diese Fähigkeit erkämpft und erarbeitet – und sie haben aus ihren Fehlern in vorangegangenen Beziehungen gelernt.

Die Herausforderung für die Frau

Der Weg der Frau zu Überfluss lässt sich ebenfalls in vier Abschnitten darstellen. Man begegnet:

1. Frauen, die ihr Glück auf den Partner projizieren und damit die Verantwortung für ihr emotionales Glück aus den Händen geben.

Ihre Aufgabe besteht darin, die eigentlichen und konkreten Bedürfnisse hinter dem Wunschbild „Mann" zu entdecken. Oft werden sie erst nach mehreren gescheiterten Beziehungen und dem damit verbundenen Prozess der Desillusionierung die Eigenverantwortung übernehmen und nach ihrem Anteil am Beziehungskrampf zu suchen.

2. Frauen, die im Zwiespalt von Wissen und Gefühl, von Verstand und Gefühl stecken.

Diese Frauen wissen, dass sie ihn lassen sollten, können dies jedoch aufgrund starker Emotionen nicht. Ihre Emotionen nehmen überhand und zwingen sie dazu, in den Partner einzudringen. Wenn sie auf diese genügend Beziehungen verloren haben, werden sie sich vorsichtiger verhalten.

3. Frauen, die ihn lassen, die ihn nicht bedrängen, aber innerlich nicht loslassen können und leiden.

Die Aufgabe dieser Frauen besteht darin, das „kleine Mädchen in sich" gleichsam an die Hand zu nehmen, ihm die Welt und die vielen Möglichkeiten, die es in der Welt gibt, zu zeigen. In der Wahrnehmung und im Ergreifen dieser Möglichkeiten relativieren sich die Gefühle des Leidens.

4. Frauen, die den Mann loslassen können und sich selbst zum wichtigsten Menschen in ihrem Leben gemacht haben.

Auch diesen Frauen ist diese Fähigkeit nicht geschenkt worden. Sie haben schmerzhafte Prozesse durchlaufen, Illusionen verloren und sich selbst als liebenswerte und vollständige Frau gefunden.

Die Umkehrung des Rollenverhaltens

Ich habe in diesem Buch von „dem Mann" und „der Frau" gesprochen, und diese Pauschalisierung hat vieles einleuchtend gemacht. Mann und Frau sind aber nicht von Natur aus so. Sie sind so geworden und ihr „Kampf um Liebe" funktioniert so lange, wie sie die herkömmlichen Regeln einhalten. Bestimmte Ereignisse können das rollenspezifische Verhalten jedoch auf den Kopf stellen. Das geschieht Beispielsweise, wenn die Frau aufhört, sich um Liebe zu bemühen oder auf Liebe zu warten und den Mann lässt, vor allem aber, wenn sie ihn verlässt.

Jürgen: „In jüngster Zeit gibt es von Claudia Mitteilungen, die die Möglichkeit einer Trennung enthalten. Sie kann sich vorstellen, für lange Zeit fortzugehen. Es ist das erste Mal, dass ich einen sehr tiefen Schmerz, eine Leere dabei empfunden habe, wenn sie solche Andeutungen macht. Mir kam der Gedanke, dass ich bisher ihrer ja immer sicher war und die Vorstellung, sie könnte wirklich aus meinem Leben treten, erfüllt mich mit einer tiefen Traurigkeit, wie ich sie noch nie empfunden habe."

Zum ersten Mal in der langen Geschichte ihres Kampfes klingt Claudias Drohung, ihn zu verlassen, nicht verzweifelt oder taktisch, sie meint es wirklich. Und diese Vorstellung ist positiv und verlockend für sie. *Sie droht ihm nicht zu gehen, damit ihr Mann sich ändert. Claudia will gehen, damit es ihr selbst besser geht.*

Jürgen spürt die Ernsthaftigkeit ihrer Ankündigung und reagiert darauf mit Trauer und Betroffenheit. Da er nicht bedrängt wird, da er sich nicht wehren muss, kann Jürgen sich fühlen – und fühlt die Leere und den Schmerz in sich „zum ersten Mal".

Wenn Claudia ihrer Lust treu bleibt, wird sie einen Mann erleben, der auf sie zukommt oder gar einen Mann, der hinter ihr herläuft und sich um sie bemüht. Dass er das vorher nicht tat, hat einen einfachen Grund: Um jemandem hinterherlaufen zu können, braucht man jemanden, der weggeht, jemanden, der sich abwendet. Da Frauen das selten tun, können Männer sie auch selten bedrängen.

Kommt es aber dazu, dass Frauen sich abwenden, bricht die sichere Welt des Mannes zusammen und er befindet sich plötzlich in der Position, die bisher die Frau einnahm. Die beiden haben die Rollen getauscht. Damit beginnt für die Frau eine neue Erfahrung, denn jetzt kann sie erleben, wie es ist, bedrängt zu werden. Der bedrängende Mann ist für die Frau nicht weniger qualvoll, als die bedrängende Frau es für den Mann war.

Heike: „Er hat mir den Spiegel vorgehalten: „Du kommst doch noch? Kann ich mich ganz bestimmt darauf verlassen?", „Bist du auch wirklich da, oder soll ich vorsichtshalber noch einmal anrufen?" So ging das ohne Ende. Er hat genau gemacht, was ich früher machte und ist mir damit furchtbar auf die Nerven gegangen. Er war wie eine Klette, die an mir hing und die ich loswerden wollte."

Die Geschichte der Rollenumkehrung brauche ich allerdings nicht neu zu schreiben, denn alles bisher Gesagte trifft darin zu. Sie brauchen nur die Wörter Mann und Frau auszutauschen, dann stimmt es wieder, denn wenn es zur Umkehrung kommt, fängt der Mann zu klammern an und die Frau fühlt sich bedrängt.

Eine wertvolle Erfahrung, die jeder der Partner einmal gemacht haben sollte.

Über den Autor

Michael Mary ist einer der bekanntesten deutschen Paar-, Individual- und Singleberater. Er ist Autor von mehr als 30 Büchern und hat für den NDR und SWR etliche Paarberatungssendungen durchgeführt. Er arbeitet auf Grundlage der von ihm entwickelten Methode 'Erlebte Beratung' in Hamburg, wo er neben Beratungen auch Workhops und Fortbildungen anbietet.

 www.michaelmary.de

Besuchen Sie seinen shop, dort finden Sie Bücher, Ebooks und Videos. www.nordholt.de/shop

Dieses Buch ist Teil der Reihe 'Paarberatung'.
Mehr Informationen finden Sie
auf der Homepage des Autor.

Fußnoten

1 Siehe hierzu vom Autor „Und sie verstehen sich doch",

2 Zitat aus Christiane Olivier, „Jokastes Kinder. Die Psyche der Frau im Schatten der Mutter", Düsseldorf 1988.

3 Alle mit * gekennzeichneten Zitate von Olivier.

4 Transsexualität liegt vor, wenn ein Mann die geschlechtliche Identität einer Frau (oder umgekehrt) erworben hat.

5 Zitat aus Jolliffe/Mayle, „Sein bester Freund: Ich war ein Lustobjekt", Knaur 1988.